自省

自省

更新

对不起 尊重

生命的藤架 系列

品格成长 50 课

CHARACTER BUILDING AGES 8-10

关爱

陆凡 著
安妮 绘

对的时间 做对的事

自律

追求卓越的人生

哈！哈！ 呵！呵！ 喜乐

中国发展出版社
CHINA DEVELOPMENT PRESS

图书在版编目（CIP）数据

品格成长50课：Character Building Ages 8-10 ／陆凡著；安妮绘.
北京：中国发展出版社，2016.1

ISBN 978-7-5177-0442-3

Ⅰ.①品… Ⅱ①.陆 ②安…Ⅲ.①品德教育－中国－少儿读物
Ⅳ.①D432.62

中国版本图书馆CIP数据核字（2015）第296452号

书　　　名：品格成长50课：Character Building Ages 8-10
著作责任者：陆凡　安妮
出 版 发 行：中国发展出版社
　　　　　　（北京市西城区百万庄大街16号8层　100037）
标 准 书 号：ISBN 978-7-5177-0442-3
经 销 者：各地新华书店
印 刷 者：三河市东方印刷有限公司
开　　本：700×1000mm　1/16
印　　张：8.25
字　　数：186千字
版　　次：2016年1月第1版
印　　次：2016年1月第1次印刷
定　　价：18.00元
联系电话：（010）68990642 68990692
购书热线：（010）68990682 68990686
网络订购：http://zgfzchbs.tmall.com//
网购电话：（010）68990639 88333349
网　　址：http://www.develpress.com.cn
电子邮件：forkids@sina.cn

前言

生命藤架上的果实

　　品格，指一个人的内在素养与他的外在生活技能（品格力）的综合。很少有人否定品格的重要性，但绝大多数人都没有把品格培育摆到它该有的高度，并加以重视。

　　人的品格，决定了这个人对自我的看法和接纳程度，也影响着这个人与外界互动的品质，更重要的是，品格直接影响着这个人的工作态度、守法意识、社区服务、报效国家等社会责任。换句话说，品格是与一个人的幸福感、生活质量和社会影响力直接挂钩的。如此看来，品格的培育是人成长中最重要的组成部分。品格教育应该是每个人开始学习生涯的第一课。

　　在从事品格教育的这些年中，我的学生覆盖了幼儿园、小学、中学、大学的学生，也有研究生、公司职员、各类职场人士等。坦白地讲，经过十几年的观察摸索，若是我必须选择的话，我愿意把自己宝贵有限的时间，用来多做儿童品格教育。为什么呢？

　　我认为品格不仅仅是道德规范，当然更不是"假大空"的口号，而是一种内在生命的体现，品格是一种尊贵生命的自然流露。每个人都是从小婴儿开始，被家长一口口喂大的，渐渐开始学习吃饭、择食，直到自己也成长为可以养育下一代的成人。在这个过程中，小朋友长成大人，年龄在增加，体格在健壮，知识在累积，思维在发达，同样，心灵的部分也应逐渐强健，品格也应当成长成熟。

　　现代青年的很多心理障碍，多是源于心灵的部分。心里若脆弱，即便身体强壮，遇到挫折、压力和挑战，里面也会很快"倒下"，无法活出人原本应有的价值，甚至放弃美好的生命。因此，外部体格的健壮和内在心灵的健康同样重要，甚至有人说，"里面的决定外面的"。生命的成长，既包含身体体格，也包含心灵健康。心灵的健康则来源于品格的培育。

外在体格的成长，可以从身体的体型和发育看出来，而内在生命的成长，则主要通过品格力来展现。这种内在生命的成长，需要的不仅是正确的价值观，重点是价值观运用于生活，需要这个人愿意突破、成长和改变。年龄越小的孩子，在突破、成长和改变上的可塑性越强。与其到了青春期，再来留意孩子的心灵健康，为何不从孩子小的时候，就注重品格，培育他的内在生命呢？

几年前，我为做父母的朋友写了一本《用什么撑起孩子的未来》，以葡萄树比喻生命成长。葡萄树的生长需要很多条件，但为小葡萄树支搭藤架是必不可少的。这些支架就是父母、学校、媒体、朋友所赋予孩子的价值观，从小就为孩子扶正、把直价值观是非常重要的。这些价值观以及孩子自己在生活互动中形成的各类认知观和高级价值观，一起所组成的价值体系，是支撑孩子未来的生命藤架。这本书的第二章"藤架的果子"，描述了在正确的价值体系下所结出的生命果实，总结为十个脉络。品格从外面是看不见的，但是凭借一个个鲜美的果实，就知道树的健康程度，而这些生命的果实，就是指个人所具有的好品格。

记得刚开始我被邀请做儿童品格课，学校老师普遍反映，品格课是"老师不愿意教，孩子不愿意学"的。这些年来，我们一直在尝试探索出生动、有趣、活泼的品格教材。结合《用什么撑起孩子的未来》这本书，我们依据第二章"藤架的果子"的十个脉络，在每个脉络上选用一个果实（一个品格点），每个品格点5课，形成了这套50天的品格成长课程。通过每周5天对同一个大品格点的认识、学习、举一反三，使学生在50天内掌握这10个品格点。我们也期待以后时机成熟，可以形成更多套的50天儿童品格课程。

在课程中，图片、故事、游戏、手工和视频被大量使用，还结合了英语学习，总体来说，效果很好，老师、家长都反映孩子们有很大的改变。这些课程多次被翻新和重写，经过多个学校、夏令营和辅导中心的使用，逐渐形成了现在的这套课程。

本套品格成长课程分为6～8岁、8～10岁和10～14岁三个系列。每个系列在品格培育中的侧重点有所不同：6～8岁的，侧重小朋友生命的"突破"，8～10岁的则着重讲到生命的"成长"，而10～14岁处于前青春期和青春期的孩子们，则重点练习生命的"改变"。家长可以根据自己孩子的实际成熟度选择教材。有些四五岁的女孩子已经可以使用第一册了，而稍加改动，第三册也可以用于15～17岁的孩子。希望借着"突破""成长""改变"，孩子们的生命被更新，思维更成熟，成为一个心灵强健的人。

三本教材在内容上是有所连贯的，但完全可以各自独立使用，而且在年龄段上也有所重叠。例如一个 8 岁的孩子，若是没用过第一册，建议从第一册开始，用过的则可以开始使用第二册。若是孩子已经 11 岁，则可以直接使用第三册教材，同时参考其他两册的相关内容。

课程中为何编入英文的学习呢？首先，小孩子正处于学习语言的黄金年龄，这对于培养学习力，增加孩子的学习兴趣是有益处的。其次，语言是打开认知世界的一把"好钥匙"，接触不同的语言，对培养孩子的思维能力、想象能力、知识运用能力都会有所助益。书中多数的英文学习内容，只要选用课程所列的视频、歌曲（如字母歌），它们本身就可以教导孩子了。

这套教材既适用于家庭，也适用于学校、夏令营、学习中心、课后辅导班等，请家长和老师在使用前，务必参阅每册末尾所附的"使用指南"。

品格不是道理，重点是形成内在素养，练就生活技能，也就是本课程所着重强调的品格力。换句话说，本课程的目的，不是使孩子多懂了一些道理，而是使孩子能够形成好的思想、态度、习惯，练就各种健康生活所必备的能力。

品格培育，本应该是一种能力教育、素质教育。

本套系列成长课程的问世，凝聚着太多人的爱心和付出。在此衷心感谢中国发展出版社及徐瑞芳编辑对品格教育的看重和支持，感谢北京威盛信望爱公益基金会的大力资助。

感谢工蚁坊（北京）咨询服务有限公司、活力社区（前身为打工子弟爱心会）、世界教育资助的青藤计划、深圳民工子女暑期夏令营、贵州盛华职业学院等曾经和现在的合作伙伴。本课程的部分内容（个别照片、少量图片和案例）分别取材于和这些机构合作的课程，谢谢他们的授权使用和一贯支持。

特别感谢伍志千先生、肖微微女士、李得恩先生、宋沛章女士在收集资料、中英文审查方面的辛苦付出，感谢郭兆明老师特别为个别游戏画了生动的小插图。感谢郭小华女士、申雅静女士、周沛珊女士、张熙女士、陈益锋老师、Grace 女士，谢谢你们多年的支持和各项建议。也要感谢绘图师安妮女士，我的忠实合作伙伴，谢谢您不离不弃，任劳任怨，短时间内画出大量插图。同时在此，也向所有鼓励我们坚持品格教育的朋友们，一并致谢！

作　者

2015 年 11 月

目 录

成长之路　Character Growth

一、预备时间（*Prepare your heart*）

二、看图说话（*Describe the picture*）

图 1　小妮妮与大妮妮

每个人都在成长。有一天，我们会从小孩子长成大人。不仅身量大了，以下各方面也在成长：

A. 岁数变大了；

B. 知识和智慧在增加；

C. 品格也要成长。

品格： 人的内在美德（如谦和、勤奋等）以及美德在生活中的能力表现（如学习力、创新力、沟通能力等）。

更新： 表现在一个人能够持续成长。

图 2　蝴蝶（Butterfly）的成长过程

蝴蝶的一生经历了四个成长阶段：

（1）蝴蝶产卵——生产；

（2）卵到幼虫——长大；

（3）幼虫到蛹——突破；

（4）蛹到成蝶——改变。

这其中的每个阶段，蝴蝶都在成长，蝴蝶的生命都在变化更新。

更新： 带来成长，包含在成长的各个阶段，过程包括生产、长大、突破和改变等。

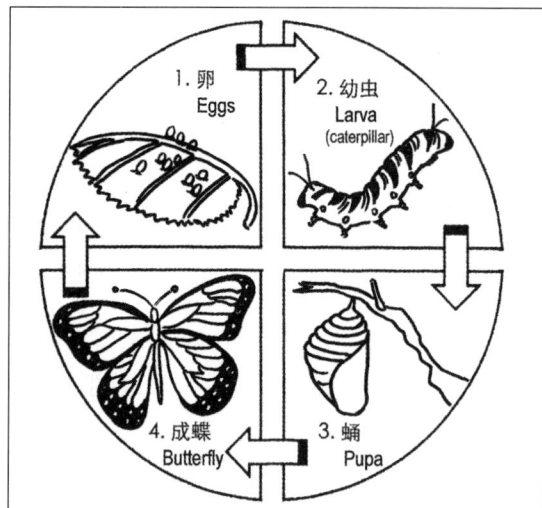

三、教导时间（*Teaching*）——品格的成长

1. **小视频：** 蝴蝶的一生

   http://v.youku.com/v_show/id_XNTIwMDM4NjAw.html?from=y1.2-1-103.3.3-1.1-1-1-2-0

2. **成长：** 人的成长包括身体的长大和品格的养成。本课程有十个需要成长的品格。

3. **品格是如何成长的？** 如懒惰变勤奋，粗暴变成谦和，固执成长为更新，还有呢？

   讽刺——（　　　　）　　　　怨恨——（　　　　）　　　　（忧愁）——喜乐

   自私——（　　　　）　　　　轻视——（　　　　）　　　　（　　　　）——尽责

   （说谎）——真实　　　　　　随便——（　　　　）　　　　放弃——（　　　　）

成长之路

出发喽！

更新

发脾气　哭泣　放弃

鼓励　生气

小心有洞

忧愁　豁达　固执　轻视　尊重

喜乐　关爱　自私　危险　真实　尽责

自律

小心狗屎　随便　卓越　懒惰　大丰收

1. 请在上图寻得一条通达的成长之路，用笔画出来，并给图画涂上颜色。
2. 请根据成长之路，结合左页的"教导时间"，总结出本课程的十个品格点。

五、每日一句：生命更新，持续成长

Word of the day：Renewal brings growth（更新带来成长）

9

创意点子 Creative Idea

一、预备时间（*Prepare your heart*）

二、教导时间（*Teaching*）——好点子

图 1　妮妮的好点子
喝完果汁的瓶子还能用做什么呢？
上完废物利用课程的妮妮想到三个好
点子：浇花壶、漏斗和花瓶。

大多数人以为只有特殊的人才，如艺
术家、发明家等，才会有创新力。其实，
我们都低估了自己，妮妮的想法就很
有创意，每个人都能有创意点子。
更新： 大脑中常有创意点子。

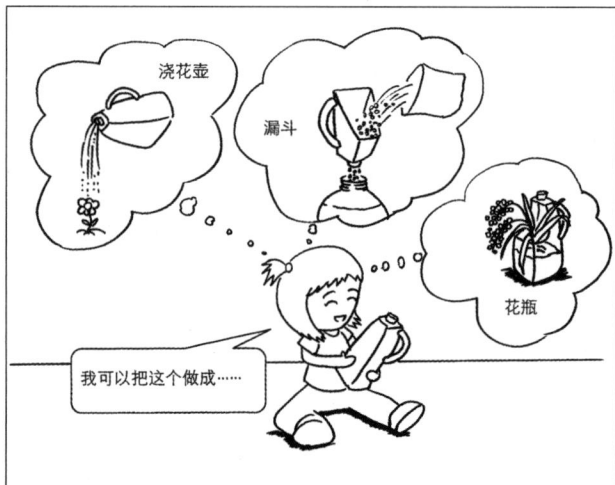

三、故事时间（*Story*）——帽子节

巴黎的成衣制作业至今都沿袭着一个风俗：当姑娘们迎来 25 岁生日的时候，要亲手为自己制作一顶黄绿相间的帽子。姑娘们戴着这顶精心缝制的帽子在 11 月 25 日这一天，款款行走于巴黎的时尚街区。以此告知路人自己的芳龄，并期待与有缘人相遇。这也就是著名的"圣凯瑟琳节"（Saint Catherine）——法国时装界的"帽子节"。

这一顶顶自己设计并亲手制作的帽子，除了颜色外，还挖掘了最大的创意空间，采用了很多意想不到的材料。每年这一天所展示的帽子作品，真可谓是精彩绝伦。

帽子戴在人的头上，在一定程度上，"帽子"可以喻表人的"思想"。

图 2　思想可以更换
创意并不难，人的大脑天生喜欢玩耍，
喜欢复杂和变化，且越用越聪明。
秘诀： 让思想用另一种方式来思考，
就好像换顶帽子戴一样。例如：常用
哭泣发脾气表达不满，若是换成善解
人意的想法，就是一种更新。
更新： 戴顶不同的帽子，换种思考
　　　方式。

四、游戏时间（Game）——换顶"帽子"戴一戴

1. 巴黎有个帽子节，你有没有好点子，做几顶帽子试试？
   若条件允许，可以试着用报纸，折出下面这几种帽子：法官、画家、护士和警察。

2. 戴上"不同的帽子"
   当你分别戴上这些帽子时，你觉得你会怎样思考和说话？
   请试着说出或写出来，并为各顶帽子涂上颜色。

3.（以小组为单位，推举代表）分别戴上不同的帽子，并表演出来。
   表演时，请配合相关的话语、语调、表情和动作。

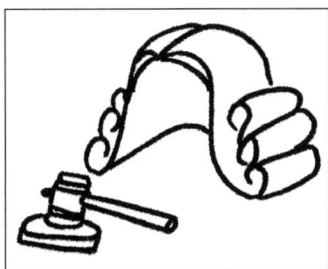
法官（Judge）：＿＿＿＿＿＿＿＿＿＿＿＿＿＿

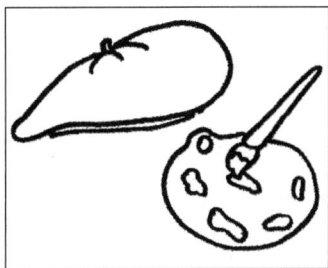
画家（Artist）：＿＿＿＿＿＿＿＿＿＿＿＿＿

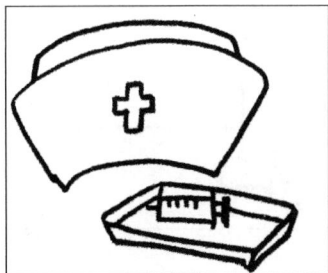
护士（Nurse）：＿＿＿＿＿＿＿＿＿＿＿＿＿

警察（Police）：＿＿＿＿＿＿＿＿＿＿＿＿＿

五、每日一句：更换思想，创意成长
Word of the day: An active mind is a creative mind

自我反思　*Self-Reflection*

一、预备时间（*Prepare your heart*）

二、看图认知（*Describe the picture*）

图 1　热心助人的明明

明明发现有人丢了书包，四处寻找失主，却没留意自己的钱包从口袋里掉出来。

教导： 不能仅仅注意别人，而疏忽了自己。当我们看到别人犯了错误或有什么疏失时，要提醒自己：不要犯同样的错误。

自我反思： 问问自己，有没有相同的问题。

更新： 具有自我反思的能力。

图 2　批评别人的小涛

小涛险些被一个在人行道骑车的人撞倒，很不满意。但他刚指责完这个人，就随口吐痰。

小涛只看到别人的问题，看不到自己有类似的问题。固执的人总是认为自己是对的。当我们指责别人时，要先反思自己的言行，免得我们都在说别人，可自己却有同样的问题。

更新： 从别人的问题，反过来审视自己。

三、故事时间（*Story*）——曾子自省

1. **小视频：** 曾子自省（链接：http://v.youku.com/v_show/id_XMTYwMzI5MTY=.html）

   曾子是孔子的学生，非常注重品格修养。他说，"吾日三省吾身，为人谋而不忠乎，与朋友交而不信乎，传不习乎"。意思是说，每天晚上睡觉之前，总要对自己一天的所作所为进行反省：帮别人办事是否尽心尽力了？与朋友交往是否讲信用了？老师传授的学业是否温习了？曾子这种勤于反思的精神令人敬佩，也是我们学习的榜样。不仅从自身的事反思，就是见到别人的所作所为，也要留心观察、思考、学习，处处总结经验教训，不断提升自我。

2. **讨论时间：** 曾子每晚睡觉前，自我反思的三个内容是什么？

   更新： 通过自省、观察、学习来提高品格修养。

1. **小故事：** 冬冬好高兴，终于买到他喜欢的玩具了。可是回到家里，冬冬很快发现玩具是坏的。他一开始很沮丧，但听了妈妈的建议后，经过自我反省，他知道下次该怎样做了。

2. **请为图画涂色，并思考问题：**

   问题1： 冬冬看到玩具是坏的，第一反应是什么？

   问题2： 冬冬有没有停留在买到坏玩具的坏心情中？他是怎样做的？

   > **教导1：** 冬冬没有停留在沮丧中，他开始自我反思。第二反应更重要。
   >
   > **教导2：** 经过自我反省，我们可避免同样的错误再次发生，坏事反而变为好事。

   更新： 从失败中学习，在反思中成长。

3. **小结论：**

   3.1 从别人的失败和疏忽中学习（反向学习），也学习别人的成功经验（正向学习）；

   3.2 指责别人前，先反省自己有没有相同的问题；

   3.3 发现错误，不应懊悔，责怪自己或别人，而应反省错在哪里，持续成长。；

   3.4 像曾子一样，每天都有自省的时间。

五、每日一句：自我反思，品格成长
Word of the day: Learn from mistakes（从失败中学习）

更新第 4 课 Renewal Lesson Four

接纳意见　Open Mind

一、预备时间（*Prepare your heart*）

二、故事时间（*Story*）

贝耶尔是德国化学家，1905 年诺贝尔化学奖得主。在贝耶尔 10 岁生日的那一天，他原以为像其他小朋友一样，爸爸妈妈会为他热热闹闹地庆祝一番。可这天母亲一大早就把他领到外婆家里，在那里消磨了一整天，根本没有提过生日的事。贝耶尔很不高兴，在回家的路上，一直嘟着嘴不说话，母亲见了，语重心长地说："我生你的时候你爸爸 41 岁，还是个大老粗。现在他 51 岁了，可还跟你一样，正在努力读书，明天还要参加考试。我不愿意因为你的生日而耽误他的学业，时间对他来说实在太宝贵了，你现在还小，也要学会珍惜时间。"

母亲的话语，如雨露一般，点醒了贝耶尔。他后来回忆道："这番话成为母亲在我 10 岁生日时，送给我的一份最棒的礼物。"他自此刻苦努力学习，努力做一个不浪费时间的人，最终在化学领域做出重大成就。

请问：你从中学到了什么？（提示：贝耶尔有没有持续不高兴或坚持为自己过生日？）

更新：不固执己见，愿意接纳意见。

三、教导时间（*Teaching*）

1. **自我小测试**：老师批评我们，是不是不喜欢我们？

2. **反问自己**：你自己是否愿意总是指出别人的缺点？

   （提示：你愿意得罪人吗？哪些人是你愿意告诉他需要改进的？）

   看来，没有人愿意常常讲让别人不高兴的话，我们都怕失去朋友。

   也只有那些我们所爱的，或是我们觉得关系不错的人，才会去指正他们。

   因此，若别人告诉我们一些需要改正的，很可能正是因为他们爱我们。

3. **再问自己**：当别人指正我们时，我们的心里舒服吗？快乐吗？

4. **三问自己**：为何明知别人的动机是爱，被更正后心里却不舒服呢？

图　旧的思想要被更新

明知别人的动机是爱，但是，旧的思想是：批评我就是不爱我，因此心里不会舒服。

当我们改换思想，想到对方是因为爱，是为了我的好处，就好像戴上新的"帽子"。那么，不妨下次被别人提醒时，说声"谢谢！"

更新：是放弃旧思想，"换上"新思想的过程，也是愿意打开耳朵，听进别人劝诫的态度。

事情这样做不合适……

老师批评我，一定是不喜欢我……

更新表现在不固执己见，愿意接纳别人对的意见，请仔细看图，回答下面四个自问：

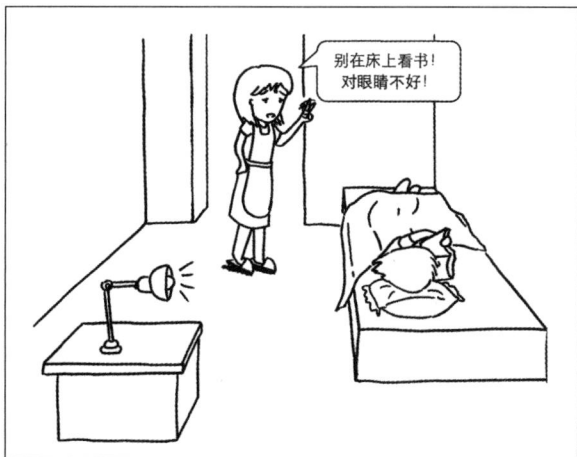

At home

In school

On the road

In the museum

智慧四问：

图1（左上）母亲提醒不要躺在床上看书。问一：在家里，我很容易听进父母的意见吗？

图2（右上）教室中打闹，乱丢垃圾。问二：在学校，我愿意听从老师，特别是他的更正吗？

图3（下左）马路上大爷提醒注意安全。问三：在公共场合，我可以被提醒、被纠正吗？

图4（下右）博物馆里专心听讲解。问四：我是一个随时可以学习、思想可被更新的人吗？

五、每日一句：放下固执，接纳意见
Word of the day: I can listen to others（我可以听取意见）

果实满满　Fruitful Life

一、预备时间（Prepare your heart）

二、游戏时间（Game）

1. 小游戏：水深水浅

   人数：多于 5 人，一个人为捉鱼的"渔夫"，其他人的角色为"鱼"。

   道具：眼罩（或丝巾等可把眼睛蒙起来的东西），宽阔的场地。

   步骤：1.1　选出一位渔夫，将其眼睛蒙上。

   1.2　渔夫在原地倒数 5 秒，在这当中，其他孩子（鱼），可以四处散开。

   1.3　5 秒后游戏开始。渔夫可以开始自由移动，并喊"水深"或"水浅"。

   喊"水深"，则鱼可以自由活动；

   喊"水浅"，则鱼必须立刻停止活动，任由渔夫"抓捕"。

   1.4　鱼可以拍拍手，或是发出些声音，让渔夫听到。

   1.5　被渔夫抓到的鱼，将变成渔夫。

   1.6　将新的渔夫蒙上眼睛，游戏再次开始。

2. 小教导

   渔夫是否不想捉到鱼？渔夫一定希望捕到更多的鱼。同样，一棵果树若栽在地上，农夫一定希望它可以硕果累累。人的生命，就好像一个果园，里面有各式各样的果树。在人一生的成长过程中，理应结出各式各样的"果子"。好"果子"就是好品格，使人的生命处处散发着果实的香气。"果实满满"的人，是一个具有好品格的人。

三、小复习（Review）

1. 请背诵每日一句，为答对者颁发奖品。

2. 填充题：请根据本章内容，将正确答案所代表的序号填入空格内。

1 固执	2 劝诫	3 长大	4 自我反省	5 旧
6 突破	7 品格修养	8 点子	9 思考方式	10 新

更新表现为一个人能够持续成长，其过程包括了生产、_____、_____ 和改变等步骤。

更新的人能够 _____。曾子常自我反思，注重 _____，我们也要有这种精神。

更新使大脑常有创意 _____，表现在可以换一种 _____。

更新就是一种放弃 ____ 的思想，"换上" _____ 的思想，就好像换了帽子一样。

更新表现在不 _____ 己见，愿意接纳意见，听进别人的 _____。

1. 成长思考：请填空并连线，将它们成长之后的样子分别找出来。

_____ (kē dǒu)
Tadpole

_____ (xiǎo jī)
Chickling

_____ (xiǎo mǎ)
Pony

_____ (máo mao chóng)
Caterpillar

_____ (hú dié)
Butterfly

_____ (qīng wā)
Frog

_____ (gōng jī)
Rooster

_____ (dà mǎ)
Horse

2. 采满果实的车

你想拥有果实满满的生命吗？

请结合本章第一课的内容，将与果实（树）相对应的十个品格点，填在空格处。并且试着把它们都记下来，反复思考。

握住自信　*Self-Confidence*

一、预备时间（*Prepare your heart*）

二、故事时间（*Story*）

1. 小故事——握住自信

有一位女歌手，第一次登台演出，内心十分紧张。想到自己马上就要上场，面对上千名观众，她的手心都在冒汗："要是在舞台上一紧张，忘了歌词怎么办？"越想她心跳得越快，甚至产生了打退堂鼓的念头。就在这时，一位前辈微笑着走过来，随手将一个纸卷塞到她的手里，轻声说道："这里面写着你要唱的歌词，如果你在台上忘了词，就打开来看。"

她握着这张纸条，好像握着一根救命的稻草，匆匆上了台。有那个纸卷握在手心，她的心里踏实了许多。她在台上发挥得相当好，完全没有失常，演出获得了的成功。

她高兴地走下舞台，向那位前辈致谢，谢谢他的支持和鼓励。前辈却笑着说："是你自己战胜了自己，找回了自信。其实，我给你的是一张白纸，上面根本没写什么歌词！"她很惊讶，经过反思后她明白了：原来自己握住的，不是歌词，而是自信！

2. 图画故事——"啊，我能行！"

小燕小学二年级从农村转来城市上学，她上课完全听不懂，觉得自己学不好，爸爸给她补课时说她笨，她因此也觉得自己很笨。从此，她上课就画画，根本不想学。这一天，一位老师鼓励她："小燕，你挺聪明的，你能学好，要好好学。"不知为什么，从那天开始，小燕的成绩好起来了。

小燕，你挺聪明的，你能学好！

啊！我能行！

小燕事后回想，她的心接受了老师的鼓励："啊，我能行！"她找回了自信。

3. 小结

我们都知道自信心很重要，但是有时候，我们就是没办法相信自己会做好，这时，若是有人鼓励我们，接纳我们，我们就容易相信自己，"我可以""我能行"。找回了自信，事情也自然就会开始顺利起来。因此，在犹豫紧张或压力很大时可以向老师、朋友寻求鼓励和帮助。同时，在别人遇到困难打退堂鼓的时候也要学会鼓励他！

鼓励：用爱心使别人恢复自信。

三、视频故事（Video）

1. 小视频：奥巴马总统的风采

链接：http：//v.youku.com/v_show/id_XNjc2NzMzOTY=.html?from=s1.8-1-1.2

2. 结巴拘谨的奥巴马

20世纪60年代，一个混血男孩出生在美国夏威夷的檀香山，他的父亲是肯尼亚人，母亲来自美国的一个中产家庭。男孩长大后就读于夏威夷一家私立小学，因为肤色问题，他在班上少言寡语。每当老师提问时，他的双腿不停颤抖，说话也吞吞吐吐。

老师无奈地告诉男孩的母亲，这个孩子连自己都不相信，将来不会有什么出息了。男孩的母亲并不认同此观点，她为男孩找了一份差事——课余时间在街区里挨家挨户订报纸。

在母亲的鼓励下，男孩勇敢地迈出了第一步。他敲开了邻居家的门，努力说服他们订阅报纸，结果出人意料的顺利，几个邻居都成了他忠实的订户。有了这样的经历，男孩从此说话不再结巴了，他从一个街区走到另一个街区，自信地敲开一家又一家的大门，订单也与日俱增，他第一次享受到了成功的喜悦。

多年以后，男孩才知道，他童年时的经历浸透了母亲深深的爱。原来，母亲早就安排好了，她自己出钱请邻居们订报纸，目的就是给儿子一份自信。正是童年那份宝贵的自信让他一步步地走过来，成为美国首位黑人总统。他就是美国总统贝拉克·侯赛因·奥巴马。

3. 小讨论

奥巴马的妈妈是怎样鼓励奥巴马的？奥巴马成为美国第一位黑人总统，看到他流利的讲演，自信的态度，你相信他小时候是个结巴拘谨的人吗？他的成长，对你有何启发？

鼓励：用爱心劝勉别人，助人成长。

四、练习时间（Practice）

1. 26个字母的读法与写法

http：//v.youku.com/v_show/id_XNTIwNDIxNzk2.html?from=s1.8-1-1.2&qq-pf-to=pcqq.c2c

http：//v.youku.com/v_show/id_XMzAwOTMxNDAw.html?from=s1.8-1-1.2

2. 学习字母 A、B、C、D，请连线，并书写三遍。

| A——Apple（苹果） | B——Ball（球） | C——Cat（猫咪） | D——Dog（狗） |

Aa Aa

Cc Cc

Bb Bb

Dd Dd

五、每日一句：鼓励使人有自信

Word of the day： Encouragement builds up self-confidence

我支持你！　I Support You!

⏱ 一、预备时间（Prepare your heart）

⏱ 二、看图说话（Describe the picture）

图 1　鼓励的力量

问 1：在这幅图里，你看到了什么？

答 1：我看到＿＿＿＿＿＿＿＿。

问 2：你觉得这幅图在说什么？

答 2：别人回答问题时，鼓励他。

问 3：如果是别人鼓励你，你心里怎样觉得？

答 3：很温暖，觉得很幸福……

鼓励：用话语、欣赏的眼光表示支持和肯定。

图 2　我支持你

问 1：在这幅图里，你看到了什么？

答 1：小芳有个提议：保护环境，垃圾分类。

其他人：＿＿＿＿＿＿＿＿＿＿＿＿。

问 2：你觉得这幅图想表达什么？

答 2：小芳有这个好点子，大家表示支持她。当我们有提议或想法时，其实心里会有些担心……图中众人用不同的方式表达了鼓励。

鼓励：用鼓掌、行动、书面等方式，表达支持。

⏱ 三、视频时间（Video）

1. 小视频：爱的接力大赛

链接：http://v.youku.com/v_show/id_XNzQ1NDA0NTI0.html?from=s1.8-1-1.2

凡事不应只追求好的结果，也应看重过程。好品格的人使用爱的鼓励。妮妮从原本毫无信心，不喜欢运动，变成一个积极有信心的人，这与同学的支持、老师的鼓励是分不开的。比赛是一时的，成绩不是最重要的。在彼此打气、互相鼓励的过程中，赢得友谊最宝贵。

2. 鼓励的方式

结合图画和视频，我们看到鼓励的方式有：话语（支持、欢呼）、欣赏的注视（表情）、肢体语言（拍掌、拥抱）、行动（帮忙发传单、陪妮妮训练）、文字（写信、卡片）等等。

1. 看图说话

鼓励每个同学，都可以勇敢正确地表达出自己的看法，这个练习可以从看图说话开始。

在描述一幅图前，先给大家 30 ~ 40 秒时间看图，然后请大家分享两个方面：

A. 我看见（清楚仔细描述画面的组成，如几个人物，说了什么话等，即"事实"的部分）；

B. 我觉得（或我认为，这是表达我们对图片含义的理解部分）。

请注意，事实的部分，每个人的看见应该是一样的，而理解的部分则可能见仁见智。但在表述，或传达信息的时候，我们需要说清楚哪部分是事实，哪部分是个人的理解或感受。

请让不同的同学练习（使用本课的两幅图）。

分享：说出事实的部分和自己心里的感受（理解）的部分。

2. 情景应用

请根据下面四种情景，说说你想怎样鼓励图画中的人物（提示：可采用不同的方式）。

 在外打工的爸爸回到家里
_____
_____

忙着做饭的妈妈
_____
_____

 看见认真上课的老师
_____
_____

考试前很紧张的同学
_____
_____

3. 英文学习：字母 E、F、G、H，请连线，并书写三遍。

E——Elephant（大象）	F——Fish（鱼）	G——Gorilla（猩猩）	H——Hat（帽子）

EeEe _____ GgGg _____

Ff Ff _____ HhHh _____

五、每日一句：爱的鼓励，我支持你！
Word of the day：I support you!

好品格　*Good Character*

一、预备时间（*Prepare your heart*）

二、练习时间（*Practice*）

1. 互动练习

老师（家长）说"好品格"，孩子回应"静悄悄"，第二个"悄"比第一个声音减弱。

这个练习帮助维护课堂秩序，在嘈杂的声音中训练学生，只要老师喊出"好品格"，大家要同声回应"静悄悄"，而且"静"字最大声，第一个"悄"字减弱，最后一个"悄"字更弱，逐渐全班同学都安静下来。

另外，孩子在游戏中会忘我，所以需要反复练习。

2. 小教导：好品格的人，维护课堂纪律，服从老师，说鼓励的话语。

三、游戏时间（*Game*）——你看我是？

道具：彩笔，可以将纸粘在背后的胶带。

准备一张纸，列出一些好的品格，及人潜在的美德，并预留空白处让人发挥。

规则：A. 让每个孩子，先写上自己的名字，并互相贴在背后。

B. 用彩笔在每人背后（可分小组）圈出你认为他符合的性格。

C. 如表中没有，可自行写出。

D. 游戏完成后，由老师念出别人对"我"的评价。（孩子听到这些评价后会有多吃惊？）

小技巧：

1. 制造一些神秘、喜乐、爱的气氛。现场每个人都要参与，把气氛带起来。

2. 避免写太多或太少。了解学生的人可以多参与。

3. 先问："你知道别人怎样看你吗？"看着学生的眼睛，也请学生对视自己。

4. 老师看着孩子的眼睛念出，可以简短，但每个孩子都需要被鼓励到（也可请学生两两对念）。

说明：

1. 游戏使用的纸张，详见"使用指南"的游戏清单。

2. 同学排好队，后面的同学可以写前面的，但最好是在轻松的音乐中，打乱顺序或随机进行。

我的名字是＿＿＿＿＿＿＿＿

你看我是…？

为别人着想的	活泼的	可爱的	守纪律的
wèi bié rén zhe xiǎng de	huó pō de	kě ài de	shǒu jì lù de
细心的	爱动脑筋的	有进取心的	温柔的
xì xīn de	ài dòng nǎo jīn de	yǒu jìn qǔ xīn de	wēn róu de
幽默的	友好的	尽责的	殷勤的
yōu mò de	yǒu hǎo de	jìn zé de	yīn qín de
有冒险精神的	善良的	有自信的	合群的
yǒu mào xiǎn jīng shén de	shàn liáng de	yǒu zì xìn de	hé qún de
乐意帮助人的	富创造力的	乐观的	公平的
lè yì bāng zhù rén de	fù chuàng zào lì de	lè guān de	gōng píng de
有礼貌的	精力充沛的	善于表达的	守信用的
yǒu lǐ mào de	jīng lì chōng pèi de	shàn yú biǎo dá de	shǒu xìn yòng de
有耐心的	直率的	真诚的	宽广的
yǒu nài xīn de	zhí shuài de	zhēn chéng de	kuān guǎng de

还有呢？

＿＿＿＿＿＿＿＿＿＿＿＿＿＿＿

1. 毛毛的成长

   游戏做完了，毛毛被老师叫了出来，他的心里很紧张。老师问他："毛毛，你觉得同学们会认为你是一个怎样的人呢？"毛毛顿时想到昨天刚骂了小宝，娜娜向老师告他的状，妮妮嫌他说脏话……毛毛看着老师，迟疑了，他又想到妈妈有时会批评他不爱写作业，爸爸说他马虎……他小声说："他们一定说我不好。"看来，毛毛一点自信也没有。

   老师请毛毛看着自己的眼睛，老师也看着毛毛的眼睛，她念出毛毛背后取下的纸上，所圈出的一些品格点：他们说你是"活泼的""有冒险精神的"，你的朋友认为你是个"尽责的"人，"精力充沛的"人，也是"乐意帮助人的"人。毛毛很震惊，他深深地呼出一口气，原来他们看重我的品格！

   眼泪在毛毛的眼睛里打转，他很感动，他决定以后不骂小宝了，也不再说脏话了。他愿意成为一个鼓励别人的人。看来，只有被鼓励过的人，才会真心鼓励他人。被鼓励后的毛毛，立志做个有好品格的人。

   鼓励：使人心里有力量，愿意成长。

2. 分享时间

   A. 自己被别人肯定的品格点有哪些；

   B. 谈谈参加游戏，以及听到同学肯定自己品格后的感受和心情；

   C. 总结出自己需要成长的品格点。

3. 讨论时间

   鼓励是好品格，与鼓励相对应的，在话语方面需要改正的坏习惯有哪些？

   （提示：说脏话、骂人、取笑人、闲言闲语、顶撞家长和老师等。）

五、每日一句：好品格，静悄悄

Word of the day： *I will have good character*（我要有好品格）

自我鼓励　*Self-Encouragement*

一、预备时间（*Prepare your heart*）

二、故事时间（*Story*）

温斯顿·丘吉尔爵士,被认为是20世纪最重要的政治领袖之一,他是政治家、演说家、作家及记者,1953年诺贝尔文学奖得主,曾两度出任英国首相,带领英国取得第二次世界大战的胜利。丘吉尔一生最精彩的演讲,也是他的最后一次演讲,是在剑桥大学的一次毕业典礼上。当时,整个会堂的学生,都在等待丘吉尔的出现。在随从的陪同下,丘吉尔走进了会场并慢慢走向讲台,他默默地注视所有的听众,过了一分钟后,说了一句话:"Never give up!"（永不放弃）。丘吉尔说了三遍,然后离开了会场。整个会场鸦雀无声,一分钟后,掌声雷动。丘吉尔一生并非一帆风顺。一战时,刚被任命为海军大臣的丘吉尔,提出了雄心勃勃的达达尼尔海峡作战计划,结果天下无敌的英国皇家海军,却被一个几乎没有像样海军的小国土耳其打得一败涂地,成为英国海军史上的耻辱,丘吉尔被迫辞职。可他毫不气馁,东山再起之后领导英国人民获得了第二次世界大战的胜利,成为世界英雄。就在此后,他却在连任选举中惨败,丢掉了首相的位置。然而他依然不放弃,最终重新竞选成为首相。丘吉尔的永不放弃,使他成为英国人民心中最崇敬的领袖之一。

鼓励：对自我的一种激励,永不放弃。

三、视频时间（*Video*）

1. 小视频——我喜欢

   链接：http://v.youku.com/v_show/id_XMTc2MzA5MjY4.html

2. 小教导

   朋友和老师的鼓励,会帮助我们有勇气,有信心,但有时,没有人在我们身旁,这时我们也要学会对自己说鼓励的话。自我鼓励,就是自己鼓励自己,对自己说:"我可以"。

   如：小 Jessica 的"不管做什么,我都能做好"——I can do anything good.

   自我鼓励帮助小 Jessica 有自信。自我鼓励,是对自己的心说话。

3. 英文学习——两句自我鼓励的话

   我可以——I can do it

   我不怕——I am not afraid

鼓励：对自己的心,说出正面、积极的话语。

看, 我可以是一只鲨鱼
我整个家都很棒,
我不管什么都能做好,
我喜欢我的学校
我喜欢所有东西,
我喜欢我爸爸,
我喜欢我表姐表妹,
我喜欢阿姨,
我喜欢我的大象,
我喜欢妈妈,
我喜欢妹妹……,
我喜欢我的头发,
我喜欢我的发型。

我喜欢我的睡衣,
我喜欢我的房间,
我喜欢我整个家。

我整个家都很棒,
我不管什么
都能做好!

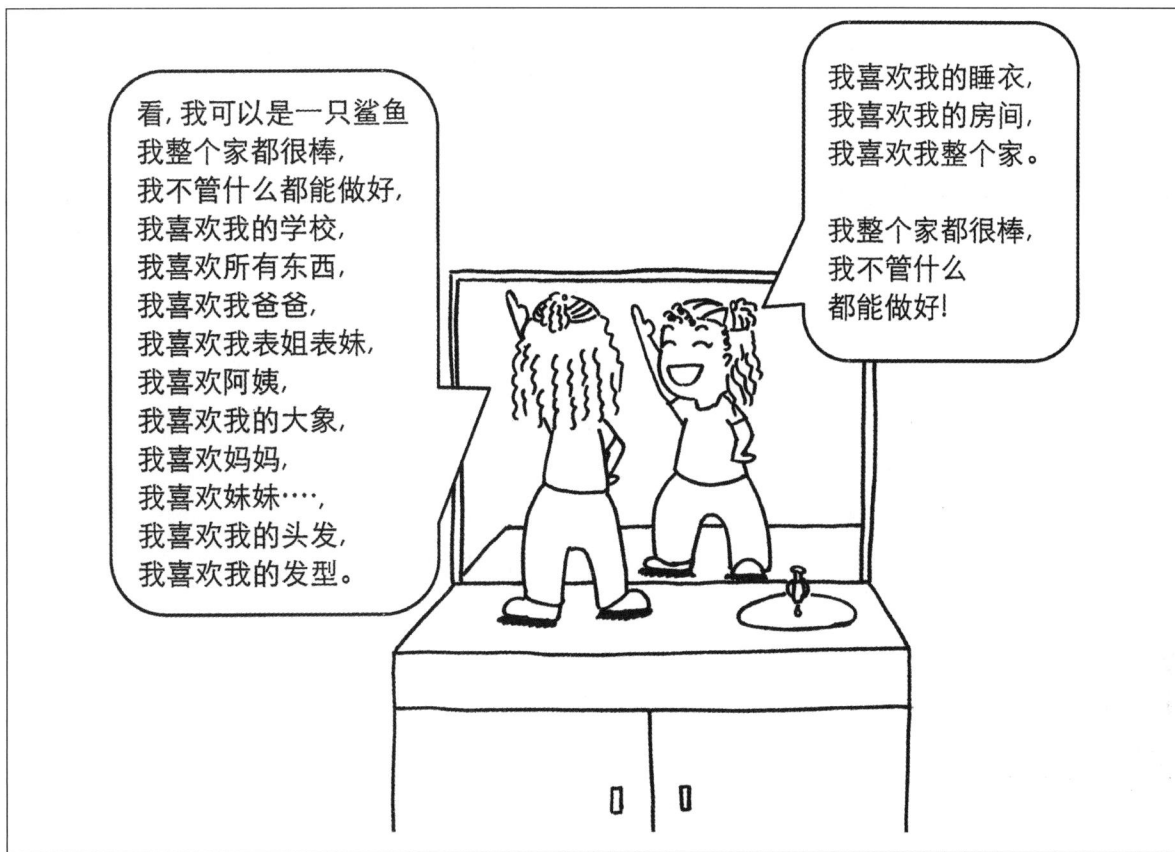

1. 三种自我鼓励的练习, 并为图画涂色。

   练习A: 当被叫起来发言时, 我们都会有些害怕, 怎样自我鼓励呢?

   方法: 对自己说: "我可以, 我能行, 我不怕" "×××（你的名字）, 你可以做到, 你能行! "

   练习B: 像小 Jessica 一样, 每天对自己说出喜欢的清单: 我喜欢爸爸, 我喜欢学校, 我喜欢妈妈, 我喜欢……

   练习C: 背诵一些励志铭言, 不时地鼓励自己, 如 "先相信你自己, 然后别人才会相信你"（屠格涅夫）, "永不放弃"（丘吉尔）等, 鼓励自己的心。

2. 英文学习: 字母 I、J、K、L, 请连线, 并书写三遍。

I——Igloo（雪屋）　　J——Juice（果汁）　　K——Kangaroo（袋鼠）　　L——Lion（狮子）

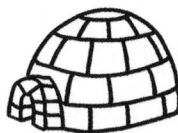

I i I i

J j J j

K k K k

L l L l

鼓励第 5 课 *Encouragement Lesson Five*

微笑行动　*Keep Smiling*

一、预备时间（*Prepare your heart*）

二、游戏时间（*Game*）——爱的鼓励

1. 互动练习

老师（家长）说"好品格"，孩子回应"静悄悄"，第二个"悄"比第一个声音减弱。

2. 爱的鼓励

方法：按某种固定节拍击掌（鼓掌），具体节奏为：×-×-×××-××××—××。

例："我们给毛毛一个爱的鼓励"，大家同时按节拍鼓掌（口不出声，只有击掌声音）。

3. 欢迎新同学

每天都可能有新同学加入我们，若是"换位思考"一下，他们一定有些紧张，如果我们用爱的鼓励，他们的心会欢喜。

例：当新同学报出姓名，"我的名字叫×××，我们可以齐声说："×××，欢迎你"，然后整齐地拍出：×-×-×××-××××—××（爱的鼓励）。

三、教导时间（*Teaching*）——微笑行动

行动起来，保持微笑！微笑行动指哪些行动呢？

A. 微笑打招呼

微笑打招呼，既是对别人的鼓励（把微笑热情传递出去），也是对自己的鼓励。微笑不代表我们一定同意对方，但是代表一种生活中的自信。

微笑打招呼，是好习惯，也是好礼仪。请从现在开始练习。

B. 微笑——坏情绪的杀手

有研究表明，当你心情不好时，若是可以试着咧咧嘴，不知不觉就会开始微笑，心情就会渐渐好起来。

每次豆豆觉得自己表现不好时，就会对着镜子微笑，并鼓励自己："你很棒！"渐渐他发现，好像情绪由沮丧就会转成平静，渐渐就高兴起来。看来，微笑是坏情绪的杀手。

C. 微笑从一早开始

小 Jessica 的自我鼓励，若是每天早上都可以练习一遍，该有多好！试想一下，如果你一早起来，心中就在嘀咕"真烦人，又要上学"，你的一天会怎样度过？但是，若是你一早就说"今天是个好日子！"，一天用微笑开始，情况又会怎样呢？微笑要从一早开始。

四、小复习（Review）

1. 小组分享（或两人一组分享）

    1.1 请问你是怎样做自我鼓励的？

    1.2 你有被别人鼓励的经验吗？

    1.3 这一周，你都鼓励了几个人？

         是怎样鼓励他们的？

    1.4 帮助一个人有自信的方法有哪些？

    1.5 请画出一幅自己微笑的表情图。

2. 英文学习：字母 M、N、O、P，请连线并书写字母三遍。

M——Monkey（猴子）　　N——No（不）　　O——Octopus（章鱼）　　P——Pig（猪）

M m M m

N n N n

O o O o

P p P p

3. 复习英文字母 A-P

http：//v.youku.com/v_show/id_XNTIwNDIxNzk2.html?from=s1.8-1-1.2&qq-pf-to=pcqq.

c2c；http：//v.youku.com/v_show/id_XMzAwOTMxNDAw.html?from=s1.8-1-1.2

    3.1 复习 A-P 的写法。

    3.2 复习 A-P 的读法。

    3.3 请连线，找出单词所对应的图画。

B——Boy（男孩）　　E——Egg（鸡蛋）　　F——Fly（飞起来）　　G——Good（好的）

H——Hair（头发）　　I——I（我）　　J——Joy（喜乐）　　K——Kite（风筝）

五、每日一句：今天是个好日子！
Word of the day： Today is a good day !

祝贺你！ *Congratulations!*

一、预备时间（*Prepare your heart*）

二、看图说话（*Describe the picture*）

图 1 娜娜得奖了！

娜娜得奖了，她高兴地跳了起来，但她很快发现，除了佳佳诚心祝贺她外，其他几个朋友都不理她了。有同学背后议论，说她其实没那么好；也有同学虽显得完全不在乎，却拒绝和她说话……她找到班主任，诉说心中的困惑。

几位同学心中不平，或许觉得自己更努力，但嫉妒、排斥只能破坏关系，不能使人成长。

豁达：不嫉妒、不排斥，祝贺别人取得成功。

图 2 毛毛得奖了！

毛毛得奖了，他欣慰地笑了。接过奖状后，他愉快地发言："我要谢谢大家对我的帮助，特别是三胖……"三胖在下面听得可美了，好像自己得奖那样高兴，大家也都为毛毛得奖而感到高兴。

毛毛知道，单凭自己，是无法得奖的。当然，自己的努力获得了认可，他也发自内心地高兴。

豁达：愿意分享自己所得的尊荣。

三、教导时间（*Teaching*）

生命要成长，心胸也要持续地扩大。人的心好像一块田地，所以有"心田"这个词。一块田地里种上庄稼，来年就有收获，田地越大，未来的收获就越多。心有多宽，承受的祝福就有多大。嫉妒的含义就是认为机会只有一个，别人抢先了，自己就没有了，根本原因是不相信祝福会临到自己。豁达正相反，没有给我的可能我不需要；只要我努力，没人能拿走属于我的祝福。豁达的人，不嫉妒、不排斥别人的成功，学习为别人的好事祝贺，分享别人成功的喜乐；豁达的人，自己成功时，愿意分享尊荣，感谢大家对自己的支持，把喜乐分给众人。

豁达：与人一同分享他的快乐和尊荣。

四、情景时间（*Application*）

1. 明明的成长

   读了娜娜、毛毛的故事，听了老师的教导，大家明白了很多。通过上周的学习，大家在亮亮回答问题时，都报以微笑的注视，以此来表达鼓励。只有明明显得不太快乐。

   明明分享说："当别人得奖或被老师表扬时，我不生气，不会排斥他，但也没想到祝贺，只是更加觉得自己做的不好，永远也不会被表扬，嗯……还会担心老师不再喜欢我了。"

   大家一听，都来安慰明明，鼓励他。老师也肯定他平常上课很认真，一定可以学好。

   明明突然说，"我是不是太不自信了？"除了借着鼓励，使自己自信起来外，明明需要了解老师夸赞的就是"亮亮问题回答很好"这点。老师对明明还是欣赏和喜爱的，若是明明回答，一定也可以得到老师的表扬。豁达的人，不因为别人的成功，就贬低自己的价值。

   明明想通了："老师称赞小亮，并不代表他不喜欢我。我不用担心，我要豁达。"

2. 英文学习：字母 Q、R、S、T，请连线并书写三遍。

   | Q——Question（问题） | R——Ring（戒指） | S——Sun（太阳） | T——Train（火车） |

   Q q Q q

   R r R r

   S s S s

   T t T t

五、每日一句：与喜乐人，一同快乐
   Word of the day: Congratulations!（祝贺你！）

转郁闷为喜乐 *Turn Sadness into Joy*

一、预备时间（*Prepare your heart*）

二、手工时间（*Hand-craft*）

材料：纸杯、橡皮泥、彩笔、剪刀。

第一步：在离纸杯底 1/3 处画线（如右图）。

第二步：用剪刀沿线剪出 V 型开口。

第三步：在杯子两侧，仿右图画出不倒翁的脸。

第四步：在纸杯内侧底部，粘块橡皮泥。

观察一：底部橡皮泥增加了重量，怎么推都不倒；

观察二：用力推，脸从"愁苦"翻转成"喜乐"。

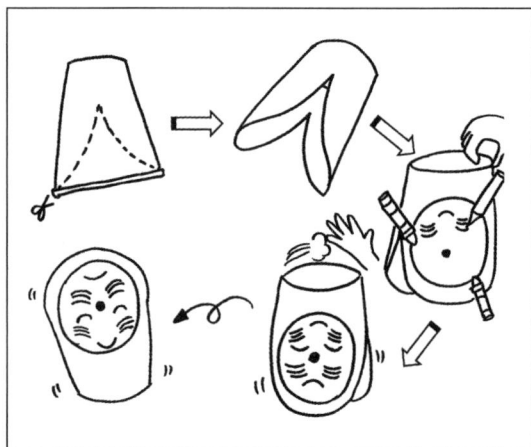

三、看图说话（*Describe the picture*）

图 1 明明的郁闷

上节课中，明明想通了："老师称赞小亮，并不代表他不喜欢我。我不用担心，我要豁达。"现在，明明又知道了："老师喜欢我，也可以同时喜欢别的同学。老师应该对每个同学都好。"

大家都喜欢自己被关注、表扬，但愿意分享被关注是必须的。

豁达：我是团体中的一员，可以分享被关注。

图 2 芳芳的郁闷

妈妈是儿童医院的护士，工作认真负责，常常上夜班。每次妈妈夜班的时候，芳芳都吃不香，心里不快，为什么妈妈对别的小孩子那么好？

爸爸开导她，照顾生病的孩子是妈妈的工作责任。妈妈最爱芳芳，爱护别的孩子不影响妈妈爱芳芳。芳芳明白了，妈妈对她的爱不会因为爱别人而减少。

豁达：爱是可以分享的，我仍是爸妈的最爱。

1. 小故事：好朋友

　　妮妮看见自己的好朋友小静和平平在亲热地讲话，心里酸酸的。小静怎么变了？看到她们走过来，妮妮鼓起勇气和小静打招呼，但小静根本没看妮妮。小静和平平走过后，突然开心地笑了起来。"她们一定在讲我的笑话和坏话。"妮妮感到很烦恼。

2. 小讨论

　　问1：看到小静和平平好上了，妮妮的心情是什么？（提示：有些失落，怎么会这样？）

　　问2：打招呼不理，还在说笑，让妮妮想到什么？（提示：小静不想理我了，她们在笑我。）

　　问3：那是妮妮想的，还是小静告诉她的？

　　答3：自己想的，不过越想越觉得自己的猜测是对的。

　　问4：如果是好品格的人，应该怎样想？怎样做？

3. 妮妮的成长

　　妮妮越想心里越郁闷，她决定不再胡猜了，她去问了小静。可是小静的回答让她大吃一惊，原来小静那天根本没听见妮妮向她打招呼，小静告诉妮妮："我们还是好朋友，我要把你介绍给平平，咱们三个人做好朋友，好不好？"妮妮心中的郁闷不见了，她快乐起来。

　　豁达：不随便猜忌朋友，友谊可以分享。

五、每日一句：豁达分享，转化郁闷

Word of the day: Sharing is good（分享是好的）

慷慨之福 Be Generous

🕐 一、预备时间（Prepare your heart）

🕐 二、图画故事（Illustrated story）

1. 小故事：慷慨的小静

看到同学东东因为没钱买书包，就不敢来上学了，小静把妈妈给自己买的新书包给了东东，她是请老师转交的。其实小静心里也有个秘密，她很喜欢一种新式发卡。这天，她正准备上学去，遇到了邻居王阿姨。阿姨手里拿了一个发卡要送给她，更妙的是，正是自己喜欢的那种！小静惊喜之余，发现王阿姨的脸色不好，不禁关心地问道："阿姨，您的身体是不是不舒服啊？"阿姨谢谢她的关心，她并没说身体，却感慨道："真想吃老家的红枣糕啊！"说完就回屋了。虽然书包是小静托老师转交的，但还是被东东发现了。东东和妈妈商量，想诚心地感谢小静的慷慨。妈妈出了个主意，把自己从老家带来的红枣，让东东送给了小静。看到红枣，小静的眼睛一亮，王阿姨可以吃到红枣糕了，她慷慨地把红枣拿给了王阿姨，阿姨的脸上露出了欣喜的笑容，小静也感到非常快乐。

2. 小结论

因着小静有颗慷慨的心，东东有了新书包，可以快乐地来到学校。同时，出乎小静意料，邻居王阿姨竟然给了她自己喜爱的发卡……看来有给人的，就有给他的。慷慨就是愿意给予，小静没有留下书包和红枣，祝福就流动起来了。

豁达：有慷慨的心，愿意给予。

三、教导时间 （*Teaching*）

慷慨也是一种分享，看到别人有需要，用自己有的东西善良以待。

上节课谈到爱是可分享的，包括关注、时间、友谊等，这些都是可以分享的。小静的故事告诉我们，爱也是可传递的。慷慨在小静、王阿姨、东东和东东妈身上传递着，祝福也就流动起来。东东拿到了自己需要的书包，小静意外收获了新发卡，而王阿姨也吃到了朝思暮想的红枣糕。当我们看到别人有需要，愿意慷慨相助之时，祝福就开始流动起来。

豁达：将物品和金钱赠予有需要的人。

四、情景时间 （*Application*）

1. 在慷慨上成长

第一问，你是一个愿意分享的人吗？

第二问，你觉得自己可以在哪些方面具有慷慨的品格？

小宝说：我以后愿意把玩具和小宝一起玩；

三胖说：我想把零花钱捐给地震灾区的小朋友；

妮妮说：我把好吃的，分给大家吧。

你呢？

～～～～～～～～～～～～～～～～～～～～～～～～～

～～～～～～～～～～～～～～～～～～～～～～～～～

～～～～～～～～～～～～～～～～～～～～～～～～～

第三问，慷慨之前要注意什么？

教导：小静的慷慨，并不是为了红枣和发卡，她只是单纯地把爱给出去，祝福就流动起来了。
还有，不应过度慷慨，例如要先照顾好自己的需要；也要避免错误慷慨，如把钱给了骗子等。

2. 英文学习：字母 U、V、W、X，请连线并书写三遍

U——Umbrella（伞）　　V——Van（商务车）　　W——Watch（表）　　X——Box（盒子）

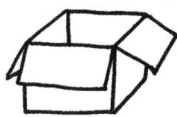

U u U u

V v V v

W w W w

X x X x

五、每日一句：豁达给予，祝福传递
Word of the day:　*Be generous*（要慷慨）

芳芳的生日　*Fang's Birthday*

一、预备时间（*Prepare your heart*）

二、图画故事（*Illustrated story*）

芳芳很不高兴，因为她今天过生日，可是却没人记得买礼物给她。当着父母的面，她摔了东西，爸妈看在眼里，给她讲了两个故事。最后芳芳明白了，生日最当感谢的是妈妈。

1. 妈妈再提贝耶尔的故事

在贝耶尔 10 岁生日的那一天，他原以为像其他小朋友一样，爸爸妈妈会为他热热闹闹地庆祝一番。可是根本没有人提过生日的事。贝耶尔很不高兴，母亲语重心长地说："我生你的时候你爸爸 41 岁，现在他 51 岁了，可还跟你一样，正在努力读书，明天还要参加考试。我不愿意因为你的生日而耽误他的学业，时间对他来说实在太宝贵了，你现在还小，也要学会珍惜时间……"贝耶尔后来回忆道："这番话成为母亲在我 10 岁生日时，送给我的一份最棒的礼物。"

豁达：不能只想着自己，心中要有别人。

2. 爸爸讲了感恩节的故事

感恩节（Thanksgiving）在每年 11 月的第四个星期四。1620 年，著名的"五月花（May Flower）"号船满载不堪忍受英国国内宗教迫害的清教徒 102 人到达美洲。那个冬天，他们遇到了难以想象的困难，饥寒交迫，冬天过去了，活下来的移民只有 50 来人。这时，善良的印第安人（Native Americans）给他们送来了生活必需品，派人教他们怎样狩猎、捕鱼和种植玉米（Corn）、南瓜（Pumpkin）。在印第安人的帮助下，移民们终于获得了丰收（Harvest）。在欢庆丰收的日子，移民感谢上帝的眷顾，也感谢印第安人的真诚帮助，邀请他们一同欢乐，吃火鸡（Turkey）庆祝节日。1863 年，林肯总统宣布感恩节为美国全国性节日。

三、行动教导时间（ActionTeaching）

1.芳芳的成长

妈妈说："爸爸工作勤奋，为这个家日夜操劳，哪有理由要求忙碌的爸爸给自己过生日呢？"

芳芳听进去了妈妈的话，就向爸爸承认错误："爸爸，我不应该摔东西，你那么忙，不应该为了我的生日浪费时间。"不过芳芳说着说着，还是委屈地哭了。爸爸也向芳芳道歉，"太忙了，忘记给宝贝女儿买礼物，下次改进"。芳芳破涕为笑。

爸爸讲完感恩节的故事，就问芳芳："你觉得生日最应该感谢的人是谁？"芳芳不明白，爸爸继续开导她："妈妈工作也忙，当年她生你的时候，心脏不好，她是冒着生命的危险，把你生下来的。"我们都在想着自己过生日，这个叫"自我中心"，没有想到别人的需要，没有感恩爸妈的辛苦，特别是妈妈，是妈妈冒着生产之苦，把我们生下来的。

芳芳觉得该在母亲生日的时候，为妈妈表演手语歌曲《感恩的心》。

豁达：有一颗感恩的心。

2.感恩行动

感恩是用话语、肢体语言、行动、卡片等方式，向人表达谢意。

你希望怎样向自己的父母表达感恩呢？

四、练习时间（Practice）

1.手语歌曲学习

感恩的心（配合动作）

http : / / v . y o u k u . com / v _ s h o w / i d _ X M j M 4 M j Q z M z Q 0 . html?from=s1.8－1－1.2&qq－pf－to=pcqq. c2c#paction

2.英文学习

拼字游戏：请根据提示，将相应的大写字母填入字谜游戏。

学习单词：

Harvest——丰收

Turkey——火鸡

Corn——玉米

Pumpkin——南瓜

DOWN 纵向

1 Pumpkin 南瓜

2 Thankful 感恩

3 Corn 玉米

4 Pie 饼

5 Mayflower 五月花号

6 Thursday 星期四

ACROSS 横向

7 Hunting 打猎　　10 Harvest 丰收

8 Thanksgiving 感恩节　　11 Turkey 火鸡

9 Native Americans 印第安人

五、每日一句：感恩不自私，心里有别人

Word of the day: A big heart is not selfish

我要祝福你　*I Want to Bless You*

一、预备时间（*Prepare your heart*）

二、短剧（*Drama*）

剧情：三胖玩球时与同学小伟发生争执，三胖打人后，自己也很沮丧。

人物：三胖、小伟、旁白。

（鼓励同学表演，或家长与孩子／老师与同学一起表演。）

三胖：我们一起玩球吧！

小伟：好啊，太好了。（小伟把球拿过来，越玩越高兴，忘了三胖。）

三胖：（皱眉头，要抢球，但抢不到，就抓住小伟，用力推开他，把球抢了回来。）

小伟：（哭着跑开。）

三胖：（由愤怒，到茫然，再到沮丧。）

旁白：三胖经过思考，决定道歉；小伟很难过，但想到平常三胖对自己很好，决定要原谅他。

三胖：（来到小伟面前，很不好意思地）小伟，对不起！我不该打你，请你原谅我好吗？

小伟：没有关系，我也只想着自己玩，我原谅你，咱们和好吧！（两人对笑。）

豁达：能够道歉，愿意成长。

三、故事时间（*Story*）——饶恕多少次？

古时，一位渔夫向智者讨教："我的朋友得罪我，我要饶恕他几次？七次应该够了吧？"智者回答他："七十个七次。"

你若以为智者在说 490 次，那就大错特错了。"七"代表完全，七十个七次就是无限次的意思。每一次，无论朋友对我们做了什么，都要选择饶恕；如果一件事对我们的伤害极深，虽然我们已经饶恕了，可能不久又想起来了，就再饶恕一次，直到我们的心完全平静为止。

不光选择饶恕，不去咒诅，还要加倍地祝福。

当然，饶恕和祝福，与我们先发泄自己的不满情绪是不冲突的，我们的情绪需要被抒发出来，我们可以说："我实在讨厌他，不想理他……"但是，最后还是选择饶恕他，祝福他，"因为我要开始美好的生活"。

豁达的人愿意饶恕，选择祝福。豁达的心，是一颗祝福的心。豁达从祝福开始。

你现在有什么人存在心里面，你觉得很气他，想报复他，不想放过他吗？你的心中是否还有一些亲人和朋友，你很希望他们成功、健康、快乐呢？无论是哪一种，来祝福他们吧：

我愿意原谅（或饶恕）_____（人的名字）_____（对我所做、所说的）。

我愿意祝福_____（人的名字），祝福他／她_____（你心中所想的美好事物）。

豁达：愿意饶恕，选择祝福。

1. 请填空或填入答案的号码

| 1.感恩 | 2.祝福 | 3.嫉妒 | 4.友谊 | 5.慷慨 |

豁达的人，不_____、不排斥，能够祝贺别人取得成功，同时也愿意分享自己所得的尊荣。

豁达的人，不自私，有一颗_____的心。不仅看到自己的需要，也看到别人的需要。

豁达的人有_____之心，愿意给予，能够分享_____、分享关注、分享爱和自己的物品。

豁达的人，能够道歉，愿意成长。豁达从_____开始。

2. 英文学习

2.1 26个字母的最后两个 Y 和 Z，连线并书写字母三遍

Y——Yellow（黄色）　Z——Zoo（动物园）

2.2 学习字母歌，并演唱

链接：http://v.youku.com/v_show/id_XNzQ5MzMwOTM2.html?from=s1.8-1-1.2#paction

2.3 英文复习，请连线

L——Land（土地）　M——Mom（妈妈）　N——Noon（中午）　O——OX（牛）

P——Peanut（花生）　Q——Queen（女王）　R——Rainbow（彩虹）　S——Snake（蛇）

五、每日一句：原谅并祝福，豁达又宽广

Word of the day: I want to bless you（我要祝福你）

选择快乐　Choose to Be Happy

一、预备时间（Prepare your heart）

二、歌舞时间（Singing and Dancing）

1. 儿童舞蹈：向快乐出发

链接：http://v.youku.com/v_show/id_XNzEzNzMxNjI0.html?from=s1.8-1-1.2

歌词大意：

向快乐出发，世界那么大，任风吹雨打，梦总会到达。

向快乐出发，别害怕，幸福就像天边，灿烂的晚霞，一起来吧。

2. 小引子

大家都应该见过小婴儿脸上的笑容吧，喜乐，是人生来就有的，欢喜快乐是人心自然所向往的。快乐，是像晚霞一样真实的东西，让我们一起向快乐出发吧！

三、看图说话（Describe the picture）

图 1　他为什么这么讨厌

三胖很喜欢和人逗，不是拿丁丁的眼镜，就是抢毛毛的帽子，毛毛想到他就觉得很讨厌！为什么我们身边总有令人讨厌的人？毛毛来学校，一看到三胖，就快乐不起来。换个角度想一想：喜乐是每个人的权利，我们不应该为着别人不成熟的行为和错失，而失去了本来该属于我们的快乐。

喜乐：不应该被"夺去"的快乐！

> 哈哈！来拿啊！
> 还我帽子！
> 讨厌!!!

图 2　妮妮的心总在"惦着"

妮妮若是没拿到自己想要的东西，就会嘟嘟囔囔，一直惦记着，怎么也快乐不起来。

奶奶答应她去吃冰激淋，怎么还不去呀？看到小静有新笔，就闹着要买，爷爷想劝她不买，因为她的笔太多了，可又拗不过她，她会一天三遍问爷爷，总是惦记着，不拿到就不快乐。

不是拥有什么才快乐，你本该欢喜快乐。

喜乐：一种发自内心，无忧无虑的快乐。

> 奶奶带你去吃冰激凌！
> 你这么多笔了……好吧……好吧……
> 怎么还没有……

1. 快乐更重要

大家都很喜欢丁丁，可是他常常不快乐：三胖有时嫌他烦，毛毛总是能看出他的错；每次想邀同学一起去玩，却总是被拒绝……王老师和丁丁谈了一席话："老师喜欢你快乐！别人不能影响自己的喜乐，快乐是个选择。要知道你是有价值的……快乐更重要。"

2. 请给图画涂色，并思考

2.1 丁丁为何不快乐？

2.2 你怎样看王老师的话——"快乐是个选择"？

3. 小教导

若是太在意别人怎样看我们，怎样说我们，我们的心就会被别人的态度所主导，而迷失了自己，自然无法快乐。因此，要保护好自己的心，知道自己有价值。就算现在我们有这样或那样的缺点，但我们有能力可以突破、成长和改变。一旦快乐起来，烦恼和忧愁就不见了。

喜乐：不活在别人的看法和眼光中。

五、每日一句：快乐是个选择

Word of the day：Choose happiness，be joyful

不要忧虑 *Do Not Worry*

一、预备时间（*Prepare your heart*）

二、游戏时间（*Game*）

1. 题目：担心罐

2. 道具：纸杯或盒子、小纸片（可写几个字）、白纸、胶水、彩笔、剪刀。

3. 方式：

   3.1 一个纸盒子或纸杯，拿一张纸，大小正好可以包住盒子。每个人想一件最担忧的事，把它画在或写在纸上，然后贴在盒子外面。

   3.2 每人写出几件担心的事，一张纸片写一件担忧的事，再想想这些事令你担忧的感觉。

   3.3 把担心的事说给大家听。例如，担心什么，为什么担心，还有你的感受是什么？

   3.4 老师注意要正面鼓励，肯定每个人愿意分享，带出有支持性的回应。

4. 如果是多过 50 人的大班，可以这样进行：

   4.1 每人拿一张纸，写 3～5 件心中担心的事，并思考其中哪一件事，是你最担心的；

   4.2 每组 4～8 人，每人分享最担心的那件事。什么事最令你担心，为什么会担心？

   4.3 老师找一至两组为代表，点评。

5. 游戏前的引言：我们每个人的心中，都充满了各式各样的担忧；这些担忧是无法克服的吗？不如我们把它们写出来，或是画出来，大家一起讨论分享，找出解决办法，好吗？

三、分享时间（*Sharing*）

丁丁：爸妈很爱我，但我真的常常担心同学不喜欢我。

老师：与人相处，需要学习，交到好朋友也需要时间。我们没有办法让每个人都喜欢我们。

换个角度想想：我有爱我的爸妈，虽然毛毛、三胖不喜欢我，但小静和牛牛却和我很要好，我有朋友，我要快乐！

妮妮：我最担心爷爷。（说着说着，她伤心地哭了。）

老师：爷爷多年操劳，身体不好，这不是妮妮造成的。有些事情，我们感到无能为力，但应该想想：现在能为爷爷做什么呢？

换个角度想想：我不再惹他生气了，我要告诉他："爷爷，我爱你！"

毛毛： 爸爸说我是"马大哈"，我好担心再把钥匙丢了呀！

老师： 好习惯要慢慢养成，要总结经验，虚心受教，努力不放弃。

换个角度想想： 妈妈建议把钥匙放在固定位置，我应该试试她的建议。老师说，忘记事的人，愿意让别人提醒，那我请芳芳提醒我好了。

芳芳： 很次考试都很紧张，生怕考不好，要是妈妈不要我了，该怎么办？

老师： 父母严格要求，也是一种爱。有时说话严厉，心中也在爱我们。每件事，不单要看结果，更重要的是在过程中我们有没有尽力。

换个角度想想： 上次没考好，妈妈生气，的确是我贪玩造成的。妈妈是爱我的。

喜乐： 是父母长辈希望的，他们希望我们快乐。

四、情景时间（*Application*）

1. 请问你在担心什么？请分享你心里最担心的一件事。

2. 老师可给予的正面支持

    A. 对家人的担心：化作主动对家人的关爱；问自己现在能做什么；

       告诉他们："我爱你"。

    B. 对自己的担心：应以有没有尽力为标准来衡量，若尽力了，就是好的；

       培养好习惯（如怕丢钥匙）；愿意被别人监督、提醒。

    C. 对前途的担心：找可信任的长辈了解咨询，向有经验的人学习。

    D. 对事物的担心：想想最坏的结果是什么？我能否承担这样的结果？

喜乐： 是忧愁的死敌，喜乐来了，忧愁担心都要逃跑！

3. 英文学习：请根据字母顺序，排列出三列火车中单词的顺序。

    （注：把三列单词（每列五个），按着字母顺序，标出1、2、3、4、5）

_____ Fish	_____ Kangaroo	_____ Monkey
_____ Zebra	_____ Gorilla	_____ Train
_____ Ball	_____ Pig	_____ Lion
_____ Snake	_____ Elephant	_____ Dog
_____ Queen	_____ Apple	_____ Octopus

五、每日一句：不要忧虑
Word of the day: Do not worry

情绪觉察　*Recognize Your Emotions*

一、预备时间（*Prepare your heart*）

二、游戏时间（*Game*）

1. 游戏：音乐椅
   道具：音乐播放器，椅子（比游戏人数少一张）。
   进行：把椅子朝外围成一个圈，大家围着椅子随着音乐走；当音乐停下要赶紧找一把椅子坐下，没有椅子的就淘汰；撤掉一把椅子，反复进行，直到剩下最后一人。最后剩下的为大赢家，被淘汰的人可以讲笑话来"解救"自己，回到游戏中。

2. 引子：游戏带来欢乐，喜乐的气氛真好。但人无法总是保持喜乐，因为人是有情绪的。

三、教导时间（*Teaching*）

1. **情绪是什么？** 毛毛因为三胖抢了自己的帽子会生气，丁丁为着大家不喜欢他而伤心，妮妮会担心爷爷的身体，这些都是情绪的自然流露。情绪就是人心里的反应，影响到人身体的反应，最后会带出来的外在效果。以害怕为例，心里害怕，身体会出汗、发抖，外在表现是说话结结巴巴，容易摔倒等。

2. **每种情绪都是正常的。** 每个人都有情绪，只是平常我们不太重视它。情绪又分为正面情绪和负面情绪。正面的有喜乐、平静等，负面的有伤心、忧郁等，这些都是正常的情绪。例如，害怕帮助我们躲开危险，担心使我们认识自己的心。

3. **情绪管理：** 情绪管理从情绪觉察（认知）开始，请列举你印象中的各种快乐和不快乐。

4. **图画故事：小静与妮妮**

   小静说妮妮："你生气了。"但妮妮不愿承认，她觉得生气显得自己不够洒脱。可妮妮的表情已说明了一切。听了老师的教导，妮妮分享，原来她认为生气的自己不够好，所以不愿意承认，但她现在知道了，每种情绪都是正常的。老师总结说："每种情绪都有健康的一面，伤心地哭出来，可以帮助发泄，但持续哭泣或想用哭泣达到目的就不健康了，就要学习管理。"

   喜乐： 正面情绪所结的果子。

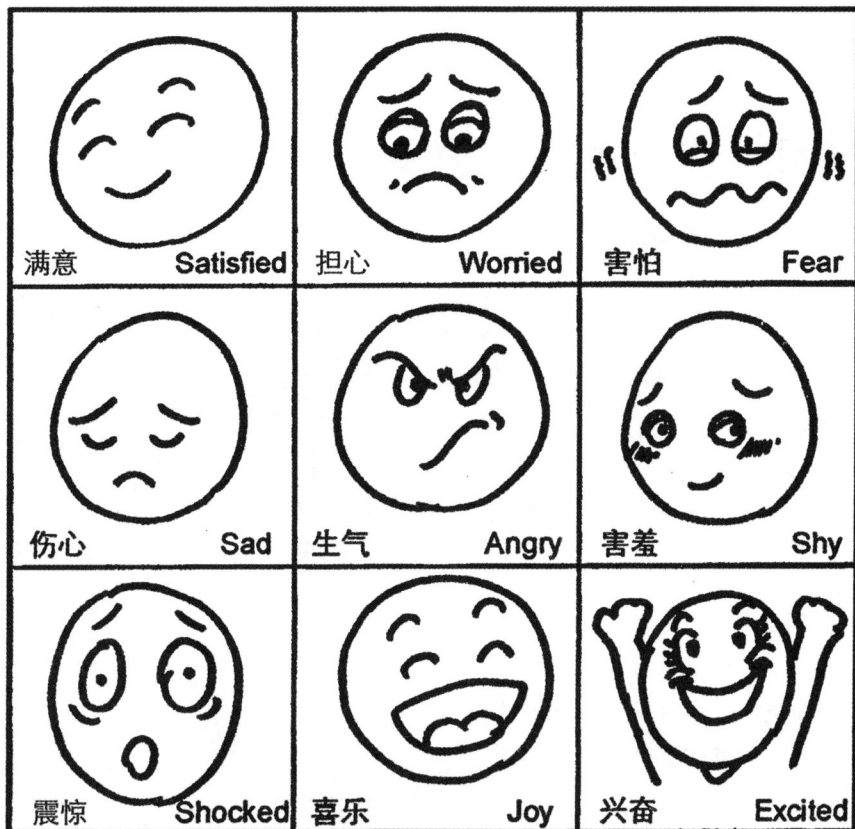

满意　Satisfied	担心　Worried	害怕　Fear
伤心　Sad	生气　Angry	害羞　Shy
震惊　Shocked	喜乐　Joy	兴奋　Excited

1. 表情识别

请为上图中的各种表情涂色，并学习各种情绪的英文。

2. 情绪识别

2.1 三胖周六去看马戏团的表演，每个节目都相当精彩。大象踩上平衡木，黑猩猩算出苹果的数目，最后，有只猴子窜到观众席，伸手要他手里的香蕉，三胖简直是＿＿＿＿＿。

2.2 三胖拿了毛毛的帽子，毛毛感觉很＿＿＿＿＿＿＿。

2.3 妈妈原本答应带芳芳去看电影，但芳芳等到的是妈妈的电话："孩子，一个同事病了，妈妈需要加班，不能陪你看电影了。"听了这个电话，芳芳心里＿＿＿＿＿＿＿。

2.4 小静帮妈妈收拾房间，为妈妈捶背，妈妈面带微笑，试想妈妈的心情是＿＿＿＿＿。

2.5 妮妮每次放学回家，走到一条僻静的小路时，腿就不禁发抖，她的心情是＿＿＿＿＿。

2.6 老师让新同学介绍自己，他低头不说话，你觉得他的心情是＿＿＿＿＿＿＿＿。

2.7 在班级足球对抗赛中，二年一班夺得冠军，这时，二年一班同学们的心情是＿＿＿＿＿。

2.8 每次毛毛丢了钥匙，爸爸都要训斥一番。这次他又丢了钥匙，走在放学的路上，毛毛想到又要被爸爸说了，妈妈会怎样呢？毛毛此时的心情是＿＿＿＿＿＿＿。

2.9 玩音乐椅游戏的时候，大家的心情是＿＿＿＿＿＿＿。

五、每日一句：觉察情绪，了解自己

Word of the day：How do I feel?（我的感受如何？）

做情绪的主人　*Master Your Emotions*

一、预备时间（*Prepare your heart*）

二、游戏时间（*Game*）

1. 小游戏：快乐拥抱

在一个宽阔的场地上，让同学们自由地随着音乐走（Walk）、跑（Run）、跳（Jump），甚至转圈（Turn）。当音乐停下来时，孩子们需要两个或三个抱在一起（不能超过三个）。

2. 小教导

拥抱，增加亲密感。游戏中，孩子们欢喜快乐，喜乐在孩子中间传递。

喜乐：游戏带来欢乐！

三、讨论时间（*Discussion*）

图 1　三胖发怒了

三胖很喜欢交朋友，大家也都很愿意和他做朋友，可是他发现和他熟悉之后，朋友渐渐地又都离他而去……为什么喜欢朋友的三胖失去很多朋友呢？原来三胖脾气一上来，就会怒气冲天地骂人，往往伤了朋友的心。

问：生气骂人的后果是什么？

图 2　小静容易紧张

小静各方面的表现都十分优异，学习好、尊敬老师、人缘也好，朋友都喜欢她。不过，小静其实很容易紧张，虽然每次表现都很好，但她经常会担心做不好，害怕出差错，让自己压力很大。有几次，小静甚至因为紧张而感到眩晕。

问：常紧张的后果是什么？

四、情景时间（Application）——做情绪的主人

有必要吗?!

做情绪的主人，意味着在了解自己、觉察自己情绪的基础上，管理自己对情绪的表达，以及调整控制自己的情绪。三胖本来对情绪管理不以为然，他认为有必要学习情绪管理吗？可是经过之前的讨论，他发现，情绪要不加以管理，就会失去喜乐，失去友谊，失去健康，他也开始专心起来。

1. "1-2-3" 怒气管理

老师教给三胖怒气管理的"1-2-3"方法：

One——1——Stop（停）

Two——2——Think（想）

Three——3——Ok（好了）

具体内容：

第一步，每次当你感觉到怒气，先试着"停"下来。像图中做出"1"，放在唇边的动作。表示，停止一切话语和行动，如离开现场，去散步，去喝水等，一定要停止说话，闭上嘴巴。

第二步，"想一想"，把自己带回到理性思考。跳出自己的视角来重新看待让自己生气的情况。应当向朋友或别人发脾气吗？

第三步，当你发现怒火平息了，"再想想"，好了，做出"Ok"的样子。

2. 伤心或沮丧时怎么办？

A. 思想：这是个小事情，相信这种情绪会过去；

B. 发泄：找个没人的地方说出来，哭出来，呐喊、宣泄（不能伤害公物和他人）；

C. 疏导：找信任且有正面支持的人倾诉；

D. 转移：做些轻松的事，也可以是平常自己喜欢的，如听音乐、散步、运动、唱歌等；

E. 最后，安静下来，分析所面临的情况并找到解决办法。

3. 紧张（包括害羞）时怎么办？

容易紧张可能是天性，也可能是特定的反应，无论什么情况，经过训练都会有改善。

A. 自我鼓励："谁都会紧张，这是正常的""你可以的""我不用紧张"。

B. 深呼吸，如果要公开发言，私下里多练习（如多朗诵、说/表演给朋友听/看）。

C. 告诉知心朋友，得到他们的鼓励、支持和陪伴。

4. 英文学习

One（一）、Two（二）、Three（三）、Stop（停）、Think（想）、OK（好）

五、每日一句：我是自己情绪的主人

Word of the day: I am the master of my emotions

喜乐的果实　*Fruit of Joy*

一、预备时间（*Prepare your heart*）

二、游戏与复习（*Game and Review*）

1. 小游戏：拇指竖起来

★ 将4种情绪（喜乐、担心、伤心、生气）分别画或写在纸上，做成标签。

★ 选4个学生站到前面，面对其他的同学们，将4张情绪标签分给他们戴好，。

★ 老师说"头低下，拇指竖起来"，坐在下面的同学头埋下，手伸出，拇指竖起来。

★ 接着4个学生下去每人按下一个人的拇指，被按到的同学拇指放下。

★ 等老师说"头抬起来，4个人来前面"，然后那4个被按了的同学就要到前面，说出按你的人的名字及他们所代表的情绪。

被选出来的同学要分享：

1.1　你被什么样的情绪摸到了？通常，在什么情况下，你会有这样的情绪？

1.2　根据本章教导，说说如何能够跳出这种负面情绪（如果是担心、伤心、生气）。

2. 小游戏：快乐拥抱

在一个宽阔的场地上，让同学们自由地随着音乐走（Walk）、跑（Run）、跳（Jump）、转圈（Turn）。当音乐停下来时，孩子们两个或三个抱在一起（不超过三个），注意不要受伤。最快抱到的可以得奖，或者没有抱到人的同学要背诵"每日一句"，背诵对的，也可以得奖。

三、教导时间（*Teaching*）

请问，你喜欢欢笑，还是沮丧？

喜乐不只是我们游戏时的欢乐，而应该是生活中的常态。做了情绪的主人，生命中就会常有喜乐。生活不是一帆风顺的，但快乐是个选择。若是一个人，无论顺利不顺利，任何情况下都能喜乐，这就是说他的生命中结出了喜乐的果实。就好像一棵果树，逐渐结出了一个美丽的果实，它的名字叫喜乐。

喜乐：一种散发着香气的生命果实。

喜乐的秘诀是什么？人们都说"知足者常乐""谦和者常乐""豁达者常乐"，如果用一句话来总结的话，那就是"凡事都往好处想"。

A. 知足者常乐：妮妮已经有很多笔了，若能满足于自己所拥有的，就有一颗知足的心。

B. 谦和者常乐：不倒翁的秘密，是下面粘了一块橡皮泥。若是我们的心态很低（重心低），有谦和的心，自然就容易喜乐起来。

好漂亮啊！我也要！

好喜欢我的新笔

C. 豁达者常乐：首先，喜乐不是作乐，不能把快乐建立在别人的难处上（例如三胖这样捉弄别人取乐的行为）。同时，别人的不成熟，若多一分理解和忍耐，不让这些影响自己，就能体会"退一步海阔天空"的喜乐。

D. 凡事都往好处想：小静平常并没有意识到自己紧张，她总是不由自主地担心起来，当她事后从紧张和担心中平复下来，才发现自己在紧张。在成长中，她要多多练习，凡事都要往好处想。

四、情景时间（Appication）

1. 小复习：背诵本章的每日一句。

2. 小练习

如果你遇到以下情况，怎样可以做到"凡事都往好处想"？

2.1 妈妈给了你20元零花钱，你突然发现钱丢了。

~~~~~~

~~~~~~。

2.2 上课回答问题，觉得自己没有回答好。

~~~~~~

~~~~~~。

3. 英文学习

单词跑（Run）、跳（Jump）、走（Walk）、转（Turn），请连线，书写并记住。

Run	Walk	Jump	Turn

五、每日一句：凡事都往好处想
Word of the day： Think positive

鸡蛋宝宝　*Baby Egg*

一、预备时间（*Prepare your heart*）

二、看图说话（*Describe the picture*）

图 1　三胖在等待

三胖很喜欢打篮球，但无奈的是，球友总是不多。这是非常困扰他的问题，为什么大家都不陪自己来打球呢？

"谁来帮我练投篮呢？"

秘诀： 不是希望别人来关心、帮助自己，要先去关心和帮助别人。

关爱： 一种自发、主动对别人的关心和爱护。

> 谁来帮我练投篮？

图 2　哎呀，怎么办？

考试在紧张地进行着，突然，小宝的铅笔断了。妈妈昨天提醒他要多带一支，但他没听进去。

"怎么办？"小宝看到别人都在闷头答题，不禁哭了起来。强强看到，马上安慰他："别急，用这个吧！"他拿出自己多准备的铅笔给小宝。

关爱： 看出别人的需要，既安慰又有实际行动。

> 哎呀！笔断了！没法考试了……完了……呜呜……

> 别急！用这个吧！

三、游戏时间（*Game*）

1. 游戏：**老鹰抓小鸡**

   角色： "老鹰"一名，"鸡妈妈"一名，其余当"鸡宝宝"。

   提醒： 鸡妈妈在防范老鹰时，要注意鸡宝宝在奔跑中的安全。

2. 小讨论

   2.1　你觉得鸡妈妈对鸡宝宝的保护，是一种什么样的爱？

   2.2　这样的爱，有什么特点？

   2.3　如果你做鸡妈妈，是否也可以保护好鸡宝宝呢？

四、小项目（Project）——你能照顾好它吗？

1. 本周小项目：做五天鸡蛋妈妈（Mom）或鸡蛋爸爸（Daddy）。

2. 具体内容：

    2.1 每个小朋友分配一只鸡蛋，从今天开始，每天要带着它上下学；

    2.2 请给你的鸡蛋宝宝起一个名字，用手纸或盒子给它安个"家"；

    2.3 周五一起来讨论，看谁的鸡蛋宝宝还完整地保存着，而且被照顾得很好；

    2.4 把鸡蛋宝宝照顾好的鸡蛋妈妈或鸡蛋爸爸，将会得到一份礼物。

3. 老师可以根据情况，让孩子每天关爱：如写上名字，画个笑脸等。
今天是第一天，请在鸡蛋上画出第一天的标记。

4. 英文练习：请按 26 个字母的顺序，排列"单词鸡蛋"，完成下图。

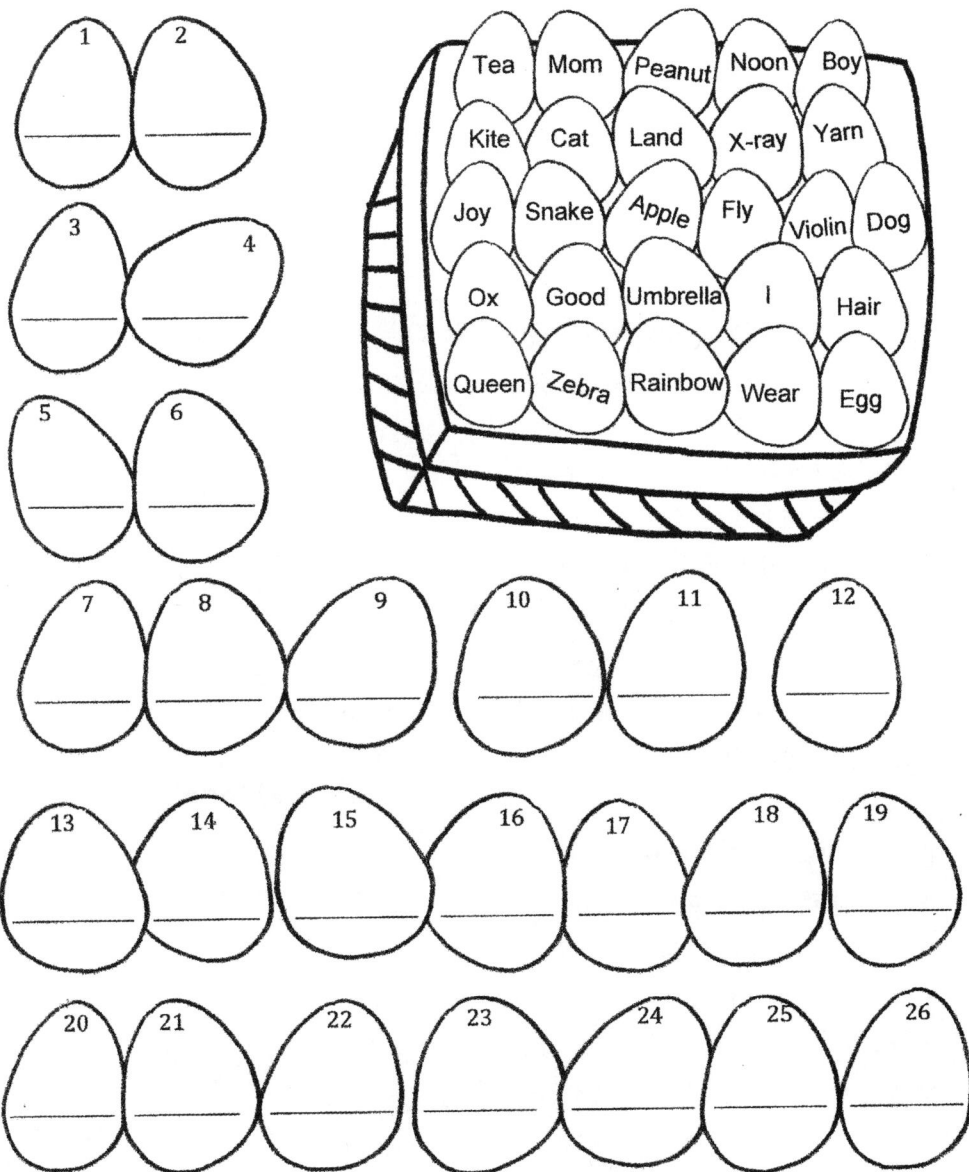

鸡蛋上的单词（篮子中）：

Tea	Mom	Peanut	Noon	Boy
Kite	Cat	Land	X-ray	Yarn
Joy	Snake	Apple	Fly	Violin	Dog
Ox	Good	Umbrella	I	Hair
Queen	Zebra	Rainbow	Wear	Egg

空白鸡蛋编号：1, 2, 3, 4, 5, 6, 7, 8, 9, 10, 11, 12, 13, 14, 15, 16, 17, 18, 19, 20, 21, 22, 23, 24, 25, 26

五、每日一句：主动关心，乐于助人
Word of the day: I care about others

关爱第 2 课 Care Lesson Two

体会别人的心　Love Is Understanding

一、预备时间（Prepare your heart）

二、游戏时间（Game）

1. 体验游戏：看不见的三分钟

在一个可以关住门窗，遮住光线的教室里，提前告诉大家游戏中要关灯、关门窗三分钟。

在学生的桌子上摆放一些东西，请大家在黑暗中传递。或是蒙上眼睛，拉着行走。

体会盲人的心情，理解他们的不便与苦恼，并分享此时的心情和感受。

2. 视频时间——（帮助盲人）

http://v.youku.com/v_show/id_XMjI5OTEwNzY4.html?from=s1.8-1-1.2

3. 视频讨论：你愿意关心帮助盲人吗？

关爱：对有需要的人（盲人、残疾人）表达关心，提供实际帮助。

三、看图说话（Describe the picture）

图 1　小小关爱暖人心

听娜娜说手被马蜂蛰了，婷婷十分心疼。她关心地问道："一定很痛吧？！"听了这话，娜娜顿时心里暖暖的，她感到了爱。

同理心回应：不仅耳朵听到对方说的内容，还能在心里体会到对方的情绪和感受，并且表达出来。

关爱：用同理心回应对方。

> 蜜蜂叮了我的手……
>
> 一定很疼吧！

图 2　帮助老师真快乐！

毛毛和萍萍一起帮老师抬教学用具。毛毛一只手就可以提起来，他心情可好了。可是萍萍用两只手吃力地抬着，她满头大汗。

换位思考：毛毛完全没有注意到萍萍的吃力。我们需要站在别人的角度思考问题。

关爱：从对方的角度，体会对方的心情和难处。

> 帮老师，真快乐！

1. 小游戏：爱心秘密小天使

   请在班级或朋友中，思考一个人，做他／她的秘密小天使，愿意为他／她做一件事，但要秘密地做，因为爱是不讲回报的。我们关心爱护别人，不需要别人给我们回报。被关心的人，要学习把这样的关爱再传递出去。

   如若想不出来，则可以准备红色的心形纸片，让每一个人（可能只是班级的一部分同学）在心形的左半边写下自己的名字，放进桶里打乱顺序，然后这部分同学们再随机抽取纸片，记下心形纸片左边小朋友的名字，做他／她的秘密小天使，要求在本周内为他／她做一件事（注意保密哦）。

   游戏的秘诀，是注意观察，体会别人的心，使用同理心和换位思考，做到真正的关爱。

2. 小讨论：怎样做，可以真实地表达关爱？

   2.1 观察、换位思考、小测试，找出对方真正的需要；

   （真正的需要，可能并不是外表可以看出来的哟！）

   2.2 使用同理心回应，用话语安慰；

   2.3 为对方做一件实事，或是采取一项有帮助的行动。

   关爱：一种出于爱心的服务，不期盼对方给我们回报。

3. 创意绘图

   你想送给别人什么样的惊喜？请画在左图上，并加上自己的内容。

   右图画出：你希望小天使（Angel）送给你什么样的礼物（Gift）？

4. 英文学习

   Gift——礼物；Angel——天使

五、每日一句：小小关爱暖人心
Word of the day: Love warms the heart

爱是包容 *Love Is Inclusive*

一、预备时间（*Prepare your heart*）

二、歌曲学习（*Singing*）——爱的真谛

链接：http://v.youku.com/v_show/id_XMzE4MTg1ODg0.html?from=s1.8-1-1.2#paction

爱是恒久忍耐，又有恩慈；爱是不嫉妒；爱是不自夸，不张狂，不作害羞的事，不求自己的益处，不轻易发怒，不计算人的恶，不喜欢不义，只喜欢真理；凡事包容，凡事相信，凡事盼望，凡事忍耐，爱是永不止息。

三、故事时间（*Story*）

1. 小故事：月亮在看你

村里有户贫穷人家，父亲常利用夜晚，摸进人家的菜园子里偷蔬菜。

有一天夜里，父亲带着他七岁的小孩，又走进别人家的菜园，想拔些萝卜带回去。当他拔了几条萝卜，他的孩子忽然在背后轻声呼喊："哎呀！爸爸，有人在看你！"

爸爸大惊，环顾四周，慌张地问道："啊，是吗？人在哪里？在哪里啊？"

小男孩一边指着天上，一边回答："爸爸！你看，月亮是不是正在看着你呀？！"

小男孩的这句话，让爸爸愣住了，他徐徐放下了手里的萝卜，既后悔又难过。他默默地牵着孩子的手回家去了。一路上，他想着："偷盗是很不好的事，大概是上天借由孩子的嘴提醒我，使我改过向善吧！

那菜园主人因为菜经常被偷，气得不得了，心想这小偷太可恶了，一定要将小偷捉起来，那晚就躲在树后想捉贼。当他看到人影正在想办法捉贼时，听到那孩子讲的话，一时也愣在那里望着月亮。借着月光，菜园主人也看到小偷的脸孔，知道是同村生活困苦的那家人。

菜园主人回家后，将经过告诉妻子，妻子对菜园主人说："那月亮不也是正看着你吗？"

那天晚上，菜园主人一夜未眠。隔天中午，菜园主人跑去找那偷菜的父亲说："我家需要人手帮忙，你可不可以来帮忙呀？除了工钱外，还可以带些菜回家。"

对这额外赚钱的机会，又可温饱一家，那父亲当然满口答应了。

当晚，这小偷父亲牵着小男孩的手看着月亮，小男孩说："啊！爸爸你看，月亮在笑呢！"

同时，菜园主人也在家里看着月亮，对着妻子说："从未曾感觉月亮一直都在看着我们，看着别人也看着我，看着别人在做什么事，也看着我如何对待别人……"

2. 小教导

若我们总是纠结于怎样利己，怎样可以惩治对方，我们也许永远都不会快乐起来。关爱意味着包容和慷慨。爱是不作害羞的事，也不计算别人的恶。在包容、慷慨和祝福当中，爱就开始传递，祝福开始流动。

关爱：用包容的心祝福他人。

1. 小静不一样

　　娜娜平时可爱美了，几个女生都不喜欢她，她拿过小静的发卡，妮妮的笔，都没有归还。她还曾和别人说自己比班长芳芳强，这话叫芳芳知道了。这次班级接力比赛，她跑时摔倒了，结果全班倒数第一。这下可好，连男生也"得罪"了，大家一起展开了对她的"批判会"。大家越说越觉得自己有理，只有小静没有加入这样的"声讨"。过了一会儿，小静说："娜娜也想跑好，她不是故意的"。"可是你忘了发卡的事吗？"妮妮不禁提醒道。

　　事后，娜娜谢谢小静，小静笑着说"帮朋友是应该的"，但也提醒娜娜不能随便拿别人的东西，娜娜点头，愿意改正。小静不仅自己接纳娜娜，还说服妮妮和娜娜也做朋友。

2. 小结论

　　愿意接纳，才是真正的爱。不仅喜爱别人的优点，也能接纳别人有缺点。小静并没有一味地包容，在关爱的同时，她也指出娜娜需要成长的。

　　只有在爱心里的提醒，又感到被接纳，对方才会听进去我们的建议，才会愿意成长。

　　关爱：爱心提醒，接纳包容。

五、每日一句：爱心提醒，接纳包容

Word of the day: Acceptance brings love

爱里有力量　*Love Is Powerful*

一、预备时间（*Prepare your heart*）

复习歌曲——爱的真谛

二、图画故事（*Illustrated story*）

图1　谁也别想管我

图2　"大胆勇"怕看医生

小勇外号"大胆勇"，为何他会得此外号呢？因为哪个老师也拿他没办法。"谁也别想管我"是小勇的口头禅（图1）。不过"大胆勇"却有个秘密：他很怕打针、看医生。上次他换牙，需要看牙医，全身都在发抖，无论妈妈怎样鼓励，就是不敢走近诊所（图2）。

你觉得小勇是个勇敢的人吗？

三、视频时间（*Video*）

1. 小视频：勇敢的爸爸

链接：http://v.youku.com/v_show/id_XMTI3NzE0NjIyMA==.html?from=y1.7-1.2

1962 年，里克（Rick）在出生时因脐带绕颈导致脑部缺氧受损，医生告诉父亲迪克（Dick），里克只能在轮椅上渡过他的一生，并建议将他送到疗养院。然而，迪克夫妇决定自己亲自养育。里克 11 岁时，父母为里克制作了一台能用头的侧面控制鼠标的电脑。就这样，里克终于能和外界沟通了！里克 15 岁那年，他的一位同学意外瘫痪，学校为那位学生举行跑步筹款活动，里克通过计算机打出："爸，我也想参加。"迪克因为儿子的要求就参加了。结束之后，里克在电脑上敲下了一句话："当我们一起跑步时，我第一次不觉得自己是个残疾人了！"这句话深深地震撼了迪克，从此父子二人开始了他们的奔跑生涯。

"不接受报名。"这是马拉松比赛当局回绝迪克的话，但几年之后，他们找到正式参加比赛的方法。1983年，他们参加了另一个马拉松，其速度之快，令他们入围第二年的波士顿马拉松。不久后便有人对迪克说："为何不参加铁人三项赛？"一个从来未曾学过游泳的人，一个自6岁起便从未踏过单车的人，如何能拖着110磅(50千克)的儿子完成三项全能赛呢？因着父爱，迪克去学习游泳，学习踏自行车……他愿意为里克做出许多的牺牲和付出，他曾拖着儿子越野滑雪，又曾背着他爬山，还曾用单车拉着他横越美国。他们父子以"Team Hoyt"（霍伊特组合）为名报名参加马拉松和铁人三项赛，跑步时迪克就推着里克跑；游泳时迪克就拖着里克躺着的橡皮艇游；骑自行车时迪克就骑着特制的自行车将里克放在自行车前骑乘……截至2012年4月，父子已参加了1000多项中长跑赛事，其中包括247次铁人三项，成为美国赛跑界著名的传奇组合。

2. 小讨论

2.1　请问，铁人三项（Triathlon）的内容是什么？

2.2　从哪些方面可以看出父亲迪克是勇敢的？

2.3　迪克勇敢的力量从何而来？（提示：爱里有力量。）

2.4　父亲迪克的爱，带给儿子里克哪些东西？

2.5　以父亲迪克为例，请说出什么是真正的勇敢？

关爱：使人真正勇敢的力量。

四、游戏时间（Game）——触摸盒

1. 游戏：摸触盒

　道具：1.1. 有盖子的盒子：盖上剪个洞（孩子手可以伸进去就行，不要太大）、纸张。

　　　　1.2. 摸触的物品：手绢、杯子、糖果、卡片、笔、面纸巾（可根据情况调整）。

　方式：将学生分成小队。可以先将一件物品放入盒子中，请给第一小队最安静、坐得最好的学生摸，摸完之后，第一小队集体讨论，并画出摸的东西的样子。再换一件物品，在第二小队进行同样步骤。也可以给每小队一个盒子分别进行。最后根据每队准确摸出的物品的多少来进行评分。

2. 创意绘图

　每人将摸到的物品，画在一张纸上，同时将想到的关爱对象也画出（例如爸妈）。

　并根据自己的感受在图画上涂色。

3. 行动时间

　3.1　从摸到的物品中选三件，分别送给爸爸、妈妈和一位你想表达关爱的人。

　3.2　如果物品不能拿走，就把你的创意绘图送给他们。

　关爱：不仅关爱同学、关爱盲人，也要关爱身边的亲人，特别是父母。

五、每日一句：爱是力量的源头

Word of the day： Love is the source of power

关爱第5课 *Care Lesson Five*

爱是恒久忍耐　*Love Is Patient*

一、预备时间（*Prepare your heart*）

二、分享时间（*Sharing*）

1. 鸡蛋宝宝的结局

   五天后，小静、芳芳和三胖的鸡蛋都完好无损。丁丁的蛋裂了个缝，但没有流出来。

   毛毛的鸡蛋，在第三天就被三胖撞到，碎了。妮妮则根本不记得把鸡蛋放到哪里去了……

   不过大家对三胖可以拿到礼物，争议很大，因为三胖把照顾鸡蛋的任务"交给"了妈妈，

   周间他也没有每天带鸡蛋到学校来。你觉得三胖该得奖品吗？

2. 什么是分享

   分享就是说出事实和自己内心的感受。

   例如：毛毛的鸡蛋被三胖撞碎了，怎样碎的过程是事实，自己的心情是感受（包括一方面气三胖，一方面也觉得自己有责任）。而芳芳描述把鸡蛋放入冰箱的过程是事实，怎样爱惜并拿到礼物，内心很快乐，则是自己的感受。

3. 小朋友，你的鸡蛋宝宝现在可安好？请分享你这周的经历和心情。

4. 请为图画涂色，并思考：你愿意这样继续照顾它一个月吗？

三、教导时间（*Teaching*）

1. 鸡蛋宝宝项目

每个人都发现，刚开始两天很兴奋，但若每天都要这样看顾鸡蛋，真的需要耐心啊！

也有人分享，自己照顾五天就感到辛苦，那爸爸、妈妈从小把我们养大，该有多辛苦！

关爱：用持久的耐心，长期表达关注和爱惜。

2. 爱是恒久忍耐

图 "快滚开"

小宝看到教室很脏，当别的同学去踢球的时候，他决定留下来打扫卫生。可是当端着水盆的小宝来到教室门口时，他的胳膊越来越酸，他生怕玩球的同学砸到水盆，不禁喊道："快滚开！"结果，同学们都很不高兴。

教导：动机出于爱，在执行的过程中，无论话语、行动、心态，都要持守于爱。

关爱：用百般忍耐，展现自己的品格。

四、小复习（*Review*）

1. 关爱是什么？

√ 关爱是一种自发、主动对别人的关心和爱护。能看出别人的需要，做到既安慰，又有实际行动。

√ 关爱表现在对有需要的人（盲人等）表达关心，提供实际帮助。

√ 关爱意味着包容和慷慨。

√ 关爱不仅指对同学、对盲人，也包括爱身边的亲人，特别是父母。

√ 关爱需用持久的耐心来表达。

DOWN 纵向

1 Mom 妈妈

2 Daddy 爸爸

3 Friday 星期五

4 Egg 鸡蛋

5 Baby 小婴孩

ACROSS 横向

1 Monday 星期一

6 Care 关心

7 Saturday 星期六

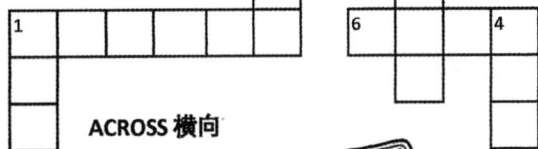

2. 集体温习歌曲《爱的真谛》

3. 英文学习：请填入大写字母。

五、每日一句：爱是恒久忍耐
Word of the day: Love is patient

黄金法则 *The Golden Rule*

一、预备时间（*Prepare your heart*）

二、看图说话（*Describe the picture*）

图 1 报告老师

凯凯向老师告状："东东把口水吐在我身上。"东东很不服气，原来是凯凯先向他吐口水，只是没有吐到凯凯身上。东东和凯凯争执起来。

你觉得谁有理？若是凯凯没先吐，东东会吐回给他吗？即便凯凯吐了，东东就要吐回去吗？很明显，吐口水、争吵并不能加深友谊。

尊重：不用吐口水、争吵来解决问题。

图 2 "外号"大战

三胖很不喜欢别人叫他外号。可是他忘了，自己叫别人外号后，也是沾沾自喜呢！他被别人叫外号时很烦心，不过他想出了一个解决方法，给那些叫自己外号的人，起更多的外号。

事实证明，"外号"大战并没有解决三胖的烦恼，相反，三胖总怕别人给自己起新的外号。

尊重：不给别人起外号，不随众叫人外号。

三、教导时间（*Teaching*）

黄金法则：你希望别人怎样待你，你也要怎样待别人。

你如果被骂，或是被叫了外号，心中是否会感到气愤呢？为什么不要起外号呢？因为人都是尊贵有价值的，这个价值不是外表能够代表的，我们应当看重人的内心，从心里尊重人。

三胖生气别人给自己起外号，但他忘了自己也喜欢叫别人外号。凯凯很生气自己的衣服被吐了口水，但是他忘了是自己先去吐别人的。黄金法则告诉我们，如果希望别人在我们犯错误时原谅我们，那当别人犯错时，我们也要豁达。我们希望被人尊重，就要先来尊重别人。

尊重：用自己希望被对待的方式，对待他人。

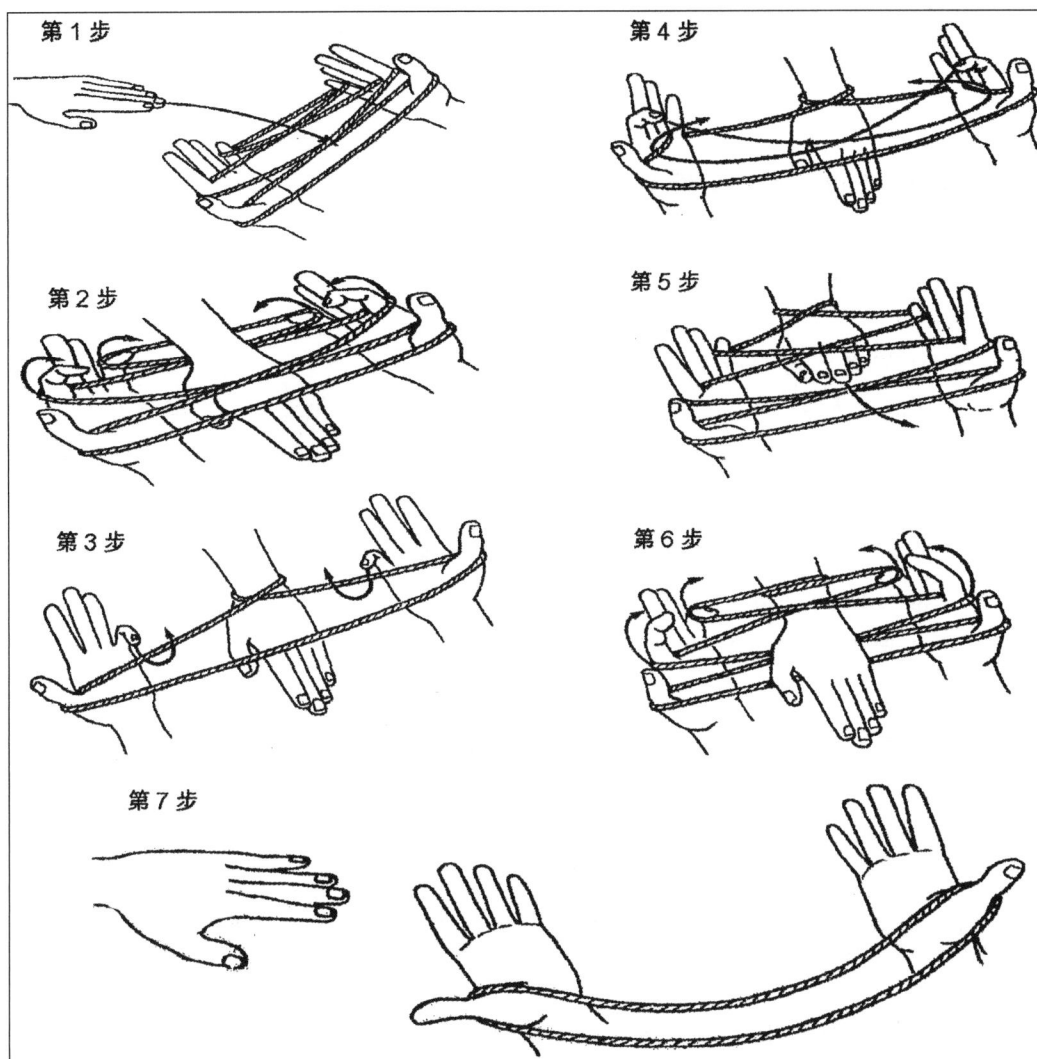

第1步　第4步　第2步　第5步　第3步　第6步　第7步

1.小游戏：线绳解套

　　道具：绳圈，或用一条绳子将两头系住。

　　进行：二人一组，一个撑绳圈，一个解绳套。根据上图所示七步，按部就班地进行。

　　　　　解开后二人互换角色，再来一遍。

2.小讨论

　　2.1　你从这个游戏学到了什么？

　　2.2　请问，若是伸手方进行到地4步或第5步，不愿意配合了，能否完成？

　　2.3　其中一方话语粗鲁地命令对方"快点！""你怎么这么笨？"，能否顺利进行？

　　此游戏要领：配合别人的节奏、体会别人的方法、态度言语要温和。

3.小思考：尊重是彼此的，请细细体会黄金法则，讨论它可以应用于生活的哪些方面。

　　尊重：放下自己，与人配合。

五、每日一句：黄金法则，彼此尊重
Word of the day：Respect each other（彼此尊重）

我是尊贵的　I Am Valuable

一、预备时间（Prepare your heart）

二、故事时间（Story）

1. 小故事：老教授鞠躬

某著名大学，有一位德高望重的老教授。按照学校的规矩，老师走上台，同学们要起立，为老师鞠躬。可是这位老教授，每次刚进教室门口，就向着全班同学深深地鞠一躬，然后再走上讲台，领受同学们向老师的鞠躬。当有人问起老教授，为何要给学生鞠躬时，老教授认真地回答道："因为我不知道我的学生中，要出现几位专家，多少位成功的商人，没准儿未来的总统也在他们当中，所以，我尊重的是他们的未来。"

2. 小思考：你相信未来自己可以成为有用的人才吗？

才识渊博的老教授都如此尊重学生和他们的未来，我们更当尊重自己。要相信自己有能力学好，有智慧处理问题，每个人生下来就是尊贵有价值的，而且每个人的天赋和特长不同，又是独特的，例如，有人喜欢艺术，有人擅长计算……要认定"我是尊贵的"。

尊重：相信自己有价值，是尊贵且独特的。

三、看图说话（Describe the picture）

图 1　自尊自重

老师和凯凯说话，可凯凯脑子里想的都是玩耍。他不仅不看老师，听不进去，老师还没说完，就跑去踢球了。

尊重老师是美德。当老师和我们说话时，也是在表达对我们的尊重，若是不理不睬，等于是不尊重自己了。

尊重：尊敬老师，态度礼貌。

图 2　妮妮想成为一个男生

两个男生笑话妮妮的头发，妮妮觉得被欺负，很气。她真想变成一个男生，这样可以用拳头教训他们。后来，妮妮变得故意大大咧咧，凡事都和男生比。

男生、女生各有特质，要欣赏自己，彼此接纳。

尊重：认同自己的性别，尊重异性。

四、情景时间（Application）

1. 分享时间： 大家有没有生病、受伤的经验？

娜娜的手被马蜂蛰了，那几天都没办法洗脸，可不方便了。别看小勇平常生龙活虎的，牙痛起来，饭也吃不香，睡也睡不好，干什么都没心情。妮妮玩起来就不想睡觉，奶奶提醒她穿衣服，她玩得顾不上，熬夜加上着凉，她咳嗽了好几天，还要打针吃药。凯凯对此也很有体会，前些天踢球，他玩得很尽兴，明知那样做可能会受伤，结果他还是做出危险动作，结果摔倒伤到膝盖，打起了石膏，都没法儿来上学了……

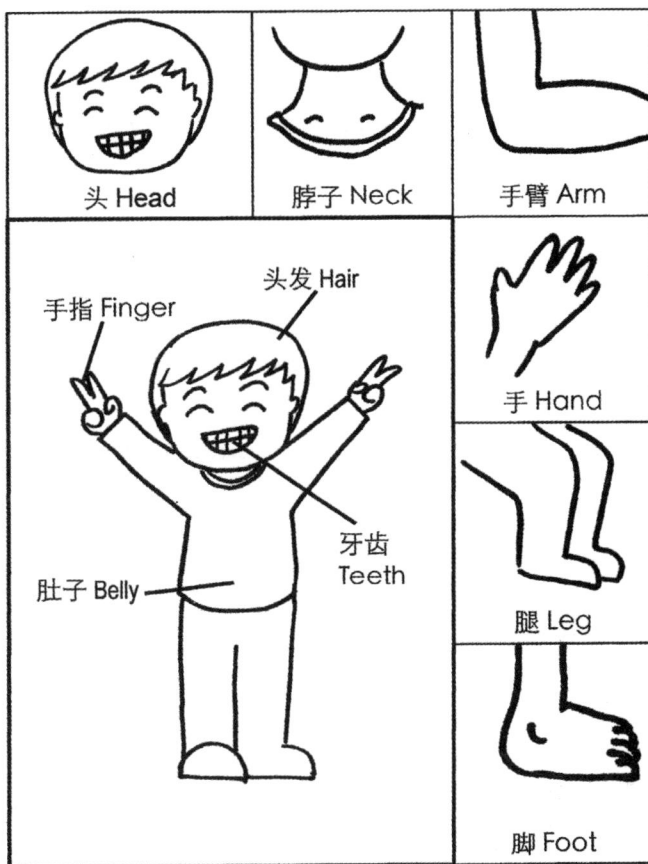

2. 小教导

身体是需要爱护的，不能不在乎。凯凯不注意就可能受伤，妮妮应尊重生活规律（天凉穿衣，按时作息），娜娜、小勇及每个人的分享都说明，身体的任何部位都很重要，缺少哪个，伤到哪个，都会造成不便和损失。

尊重： 爱护自己的身体，宝贵每个部位。

3. 英文学习

3.1 英文歌曲：身体各部位

http://v.youku.com/v_show/id_XMTgzMzcxNDU2.html?from=y1.2-1-90.3.3-1.1-1-1-2-0

3.2 根据字母顺序，排列右图中身体部位英文的顺序（若首个字母相同，则比较第二个、第三个）。

3.3 从中挑选四个部位，记住英文单词。

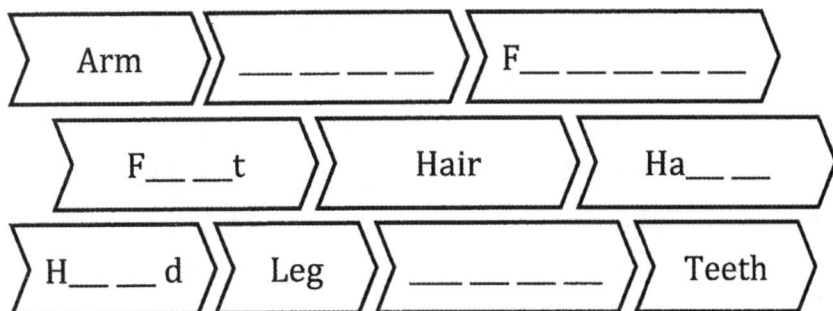

（身体部位图）
- 头 Head
- 脖子 Neck
- 手臂 Arm
- 手指 Finger
- 头发 Hair
- 手 Hand
- 牙齿 Teeth
- 肚子 Belly
- 腿 Leg
- 脚 Foot

Arm 〉 _____ 〉 F_____

F___t 〉 Hair 〉 Ha___

H___d 〉 Leg 〉 _____ 〉 Teeth

五、每日一句：保守身体，自尊自爱

Word of the day: Respect yourself

沟通的秘诀　Keys to Communication

一、预备时间（*Prepare your heart*）

二、图画故事（*Illustrated story*）

小故事："你是小偷！"

妈妈给妮妮买了一只黄颜色的笔，妮妮可喜欢了。妮妮也把妈妈托人带来黄颜色笔的事告诉了好朋友小静。可是有一天，妮妮找不到心爱的笔了（Where is my pen?），她找啊，找啊，突然发现小静用黄颜色笔在黑板上画画。妮妮突然觉得火气好像窜到了头顶，她忍不住指着小静大叫："小偷！"小静非常委曲，她哭起来，怎么妮妮可以这样说自己呢？

老师把小静和妮妮叫到一起，看着互不理睬的二人，老师问："你们不是好朋友吗？"小静觉得妮妮叫自己小偷太过分了，可是经过老师的开导，她想起来上次娜娜没经过自己同意，把心爱的发卡拿走，自己也是不高兴的。所以她主动道歉："对不起（I am sorry），我应该先问你的。"妮妮一听，也不好意思地说："对不起，我不应该叫你小偷！"两个人和好如初。

尊重表现在：尊重别人的所有权，在拿别人东西前，先征得对方的同意。

尊重表现在：在不了解事情真相之前，不随便讲严重的话，或指责对方的品格；

尊重表现在：当老师或别人指导我们时，愿意放下自己的怒气和伤心，认真思考；

尊重表现在：当了解到自己有错误时，可以向对方道歉。

三、教导时间（Teaching）——沟通的秘诀

秘诀1：主动询问，尊重所有权

小静知道不该随便拿别人的东西，只是她觉得自己和妮妮是好朋友，有什么关系？尊重所有权是必须的，要先征得别人的同意。很多人以为互相熟悉就无所谓，但花园是有栅栏的，称为"界限"。花园的主人允许朋友自由进出，但还是有界限的。越是要好的朋友，越要在物品上尊重。

秘诀2：话语上正面，礼貌温柔

妮妮不该叫小静"小偷"，因为"小偷"是指故意拿走别人财产的犯罪行为，用在同学之间严重了。朋友分很多种，有些是一般的朋友，有些是要好的朋友，越是要好的朋友，越要在话语上尊重，不能随便，说话也要注意"界限"问题。

秘诀3：多倾听，少批评

3.1　小视频：批评大王

链接：http://v.youku.com/v_show/id_XNzQ1NDExNjI0.html?from=s1.8-1-1.2#paction

3.2　视频启发：小乖总是喜欢发表意见，号称"批评大王"。无论是在同学们高兴谈论去游乐园游玩之时，还是婉儿过生日为大家发饼干之日，特别是他故意批评小伟的画，结果却批评到自己。要懂得尊重别人，倾听别人的意见，才能达到真正的沟通，人缘也会变得更好。

秘诀4：愿意认错和道歉

妮妮和小静彼此道歉，而且他们不仅说对不起，还讲出了具体原因。

小静：Sorry，妮妮，我应该先征得你的同意，再拿笔去用的。

妮妮：Sorry，小静，我也不好，我不应该叫你小偷，对不起。

尊重： 主动沟通，言语温和，愿意倾听，勇于道歉。

四、练习时间（Practice）

1. 再玩一遍线绳解套（换一个人玩）

   思考这个游戏对沟通的启发。

   游戏要领： 配合别人的节奏、体会别人的方法、态度言语要温和。

2. 沟通练习：彼此道歉

   两人一组，分别扮演小静和妮妮，彼此道歉，不仅讲"I am sorry"，也讲为什么道歉。

3. 英文练习："Where is……?"（……在哪里？）

   两人一组： Where is my pen?（我的笔在哪里？）It is on the desk.（笔在课桌上。）

   　　　　　　Where is the teacher?（老师在哪里？）She is in her office.（在办公室。）

五、每日一句：对不起

Word of the day: I am sorry

这不公平 It Is Not Fair

⏱ 一、预备时间（*Prepare your heart*）

⏱ 三、看图说话（*Describe the picture*）

图 1 别这样！

几个女生玩得很高兴，突然有人提议要学狗叫。结果大家都不愿意扮作狗，就让萍萍学狗叫。萍萍跪在地上，大家觉得好玩极了。可小花认为这样对萍萍不公平（It is not fair），她阻止了大家，事后老师表扬小花有公平的心。因萍萍好说话，就用她来取悦我们，这不公平。

尊重： 每个人都有人格，不轻看任何人。

图 2 不迁怒

因为淘气，邻居王叔叔把小宝训斥了一顿。小宝很生气，当他看到王叔叔养的猫咪跑过来，就把猫咪大骂了一顿。

怒气虽可"传染"，但公平的人，不传递怒气，这样的品格称为"不迁怒"。即使我们会被不公平对待，但不把怒气撒到不相关的人事物上。

尊重： 不迁怒，公平对待身边的人。

图 3 不骂人，不欺负人

角落里有一个人蹲在那里哭，另一个人站在他前面，叉腰指点，表现为骂人，欺负蹲着的人。

问： 我比人高一等吗? 可以随便骂人吗?

答： 每个人都是平等的，骂人欺负是骄傲粗暴。人虽然财富不同，地位不同，角色不同，但本质上都是尊贵的，人人平等，别忘了黄金法则。

尊重： 避免高人一等的想法，不骂人不辱人。

1.小故事：毛毛收名牌

毛毛愉快地接受了老师交给的任务——收名牌，但当他执行起来，却遇到了意想不到的问题：除了个别同学很友好地把名牌交给他并道谢外，大部分同学都忙着说话，给他名牌时看都不看他。甚至还有几个同学，不屑一顾地把名牌甩给他，摔在地上。毛毛感到不被尊重，很生气！如果你看到这样的情景，怎样帮助毛毛？

（可以参考使用指南的答案。）

尊重：感谢为我们提供服务的人，并礼貌配合。

2.成长时间：请自我反省

2.1 有没有叫别人的外号？

2.2 有没有欺辱别人的行为？

2.3 心里有没有轻看哪位同学？

3.英文学习

请用本章的单词，完成拼字游戏。

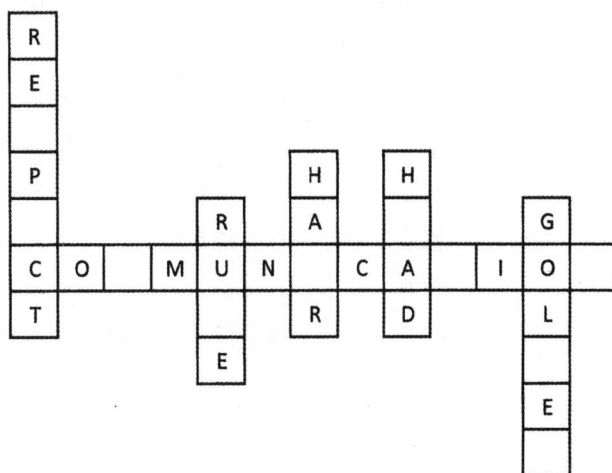

R													
E													
P						H		H					
C	O		M	U	N	C	A	I	O			G	
T				R		R		D				O	
				E								L	
												E	

谦和是美德 *A Humble Heart*

一、预备时间（*Prepare your heart*）

二、体验游戏（*Game*）

1. 小游戏：钓鱼比赛

道具：瓶子、自制带线的球（球比瓶口略小，可以用绳子拴住糖果）、秒表、奖品。

方式：每组人数相同，手中各执一线，听口令开始抽出，看哪队先抽出来。

A. 请勿提示，让各组先比赛一次；

B. 请每组报数1，2，3……（注意各队人数均等），按顺序抽出，再比赛一次；

C. 为增加趣味性，请老师随意给出一个序列（例如324561，6人一组），看哪组先抽出。

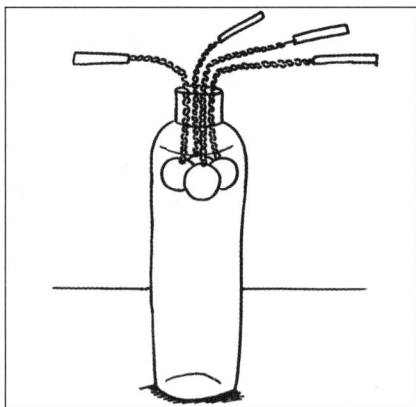

2. 游戏讨论：

2.1 为什么我们组抽的比别的组快（或慢）？

（提示：礼让有次序，彼此配合，是谦和的表现；团队抽得快，自己也受益。）

2.2 各组是哪一位同学先提出要按顺序的？提了这个建议，别人有没有立即响应？

（提示：彼此顺从/听从，也是谦和的表现，团队中人人谦和，帮助团队获胜。）

2.3 什么是团队精神？（提示：礼让、配合、顺从等。）

尊重：看重团队的利益，态度谦和，可以礼让、配合、顺从。

三、视频时间（*Video*）

1. 小视频：谦和的蔺相如（链接：http：//v.youku.com/v_show/id_XMjE3MzI1NzM2.html）

2. 视频讨论

问1：蔺相如是否怕廉颇？

答1：不怕，他连秦王都不怕，他不是一个懦弱怕事的人。

问2：蔺相如为什么会让着廉颇，不跟他起冲突？

答2：因为他内心谦和，看重合一，认为国家的利益大于个人的面子。

问3：为什么廉颇看到蔺相如高升很不服气？

答3：这个就叫骄傲。骄傲就是看不起别人，不尊重别人，或嫉妒别人。

问4：看见廉颇来向自己负荆请罪，蔺相如有没有乘机羞辱他？

答4：没有。蔺相如是一个谦和的人。

3. 小教导：一个人可以尊重人，根本原因是内心谦虚温和（谦和），心态低，不骄傲。内心谦和（谦虚温和）的人，才能真实地尊重别人。

尊重：内心谦和，看重合一。

1. 行动时间

找一个你所信任的人（老师、父母、长辈或要好同学），问问他，你有什么地方态度不是谦和的？然后你就改正，努力做一个谦和的人。

例如：如果妈妈说你顶嘴，你就道歉，然后每次妈妈再说，不光忍住，态度还要好；

同学如果说你有哪次对人态度不好，你就改正，并请同学帮助你；

老师如说你不易服从，你就认错，下次听话。

2. 讨论时间

2.1 尊重第4课图3中，你从那个被欺负的人学习到什么？

谦和不是懦弱，谦和是在温和里把道理讲出来。

2.2 从蔺相如和廉颇的故事，你学到了什么？

学习蔺相如的善良谦和。不仅不粗暴反击，以牙还牙，还以善胜恶，有豁达的心。

2.3 如果你是图3中那个被欺负的人，是否会找别人来"收拾"他？

用粗暴对待只能换来更粗暴。被骂被打，一定要报告老师，或报告给相关部门处理。

3. 小复习

3.1 请说出黄金法则的内容。

3.2 你认为一个人为何会尊重别人？

4. 英文学习：元音字母

英语26个字母分为两种类型：一种叫元音字母，另一种叫辅音字母。元音字母有：a, e, i, o, u 五个，其余为辅音字母。元音字母，指起着发声作用的字母。请把下列单词中，其元音字母按［ei］［i:］［ai］［əu］［ju:］的发音方式来分类，填入下表中。

a	e	i	o	u	music
					drive

she game me name fire tuba home cold

Word of the day: Teach me to be a humble person（教我做个谦和的人）

对小事忠心 *Faithful in Small Things*

一、预备时间 (*Prepare your heart*)

二、看图说话 (*Describe the picture*)

图 1　家中的酱油瓶子要倒了

问：风吹倒了瓶子，不是毛毛碰的，他该不该管？

答：帮助家里、别人以及学校的公共财物尽量减少损失，是长大的表现。

问：若倒下来的东西，会伤到毛毛，毛毛还要去救吗？

答：快躲开，先保证自己的安全。

尽责：在家里做力所能及的事。

图 2　妮妮照顾生病的奶奶

关心家人，是爱家、负责任的表现。妮妮照顾病重的奶奶，说明她长大了，不是光想到自己。

孝敬父母、服务长辈是我们的责任，要带着爱去做。虽然我们不是医生，也帮不上大忙，但总是可以做一些小事。

尽责：出于爱去关心、服务父母和长辈

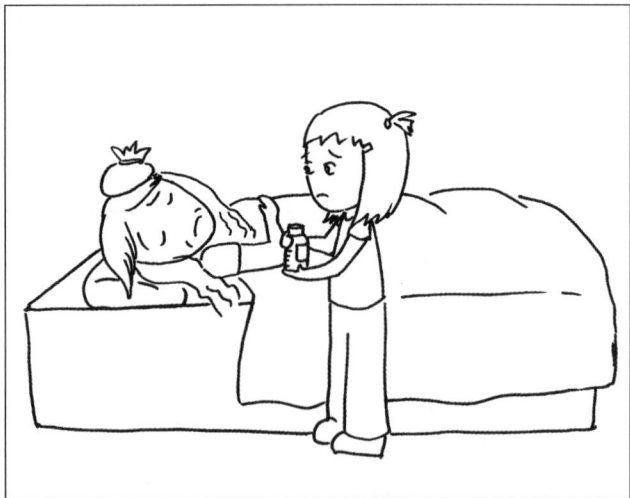

三、游戏时间 (*Game*) ——传话

1. 请老师准备好几句话，写在纸条上准备好；

2. 把学生们分成几小队；

3. 把写好句子的纸条分别给队伍的第一个人，第一个人通过耳语向后传达，直至队尾（第一位传给第二位，第二位再传给第三位，以此类推，但只有第一位看过纸条）；

4. 两人在进行传话时，不能有第三方听见；

5. 传话完毕时，请最后一个人说出听到的内容，并从后面到前面，一个个说出听到的内容。

1. **小故事：芳芳传话**

   老师请芳芳向小静转达的话，包括两个意思，芳芳把话都带到了。

2. **请你为图画涂色**

3. **请思考**

   3.1 三胖认为帮老师带话是个小事情，不用太费心，你怎么认为？

   3.2 如果芳芳两件事，只讲了一件，算不算尽责？

   3.3 如果芳芳又请妮妮转告，结果妮妮忘了，芳芳有没有尽到责任？

4. **小教导：尽责是在小事情上忠心。例如：可以把答应别人的事做好。**

   4.1 不是有做或做完就可以，而是要做好！

   4.2 怎样做好？首先要听清楚任务。

   4.3 听清楚包括：内容准确、事项完整、注重细节。

   尽责：准确完整地完成别人交给的任务。

五、每日一句：爱家爱父母，小事要忠心
Word of the day: Be faithful in small things

尽责第 2 课 *Responsibility Lesson Two*

做好分内的事　*Do Your Job*

一、预备时间（*Prepare your heart*）

二、小项目（*Project*）——周值日表

1. 完成一周值日表，内容可参考下表。

2. 以组或个人为单位，找出五位责任人，若是人多，可以连续做多周。

3. 天气记录：阴☁，晴☀，雨☁，雪❄。若阴转晴，则用斜线 ☁ / ☀ 表示。

4. 值日内容：责任人负责当天的天气记录、卫生清理和走前检查门窗是否关好，并签名。

	英文	记录天气	打扫卫生	检查门窗	责任人
星期一	Monday				
星期二	Tuesday				
星期三	Wednesday				
星期四	Thursday				
星期五	Friday				
星期六	Saturday				
星期日	Sunday				

尽责：完成自己分内的任务。

三、看图说话（*Describe the picture*）

请思考——我有下面这些表现吗？

图 1　芳芳的房间

问：你看到了什么？

在学校热心打扫卫生，倡导保护环境的芳芳，总是没有时间整理自己的房间。

请注意，她的成绩是全班第一，还是班长。

保持房间整洁、维护个人卫生（勤洗澡，衣物整洁）是我们分内的事。

尽责：维护个人卫生，保持房间整洁。

芳芳的房间

图2　妮妮上课无法专心

妮妮一上课，脑袋里总是想东想西：电影《大笑江湖》一定很好看；如果现在有一串糖葫芦该有多好……

想着想着，下课铃就响了，时间怎么过得这么快呀？

请问：是不是妮妮的脑子有问题？

尽责：管好自己的思想、专心听讲。

如果去看电影……
如果出去吃……
如果……

$3 × 6 =$

图3　"妈，你可以帮我……吗？"

三胖又忘带东西了，每次妈妈都得赶紧放下自己手中的事，帮他送到学校。

思考：整理书包，带全东西，是自己的责任，还是父母的？

尽责：不将自己的责任丢给别人。

妈，我忘带作业本了。马上给我送过来吧！

作业本？　　好…好……

四、故事时间（Story）

1. **小故事：不要推卸责任**

　　一个中国人去法国朋友家做客，吃饭时朋友八岁的孩子拿一小块面包逗小狗玩，狗跳起来撞翻他手中的盘子，盘子摔碎了。男孩子对父母说："你们看见了，是小狗打碎盘子，不是我。"

　　母亲说："盘子确实是小狗撞翻的，可是你没错吗？"男孩大叫："是小狗的错，与我无关。"

　　父亲把男孩叫到自己的房间去，要他好好反省。十几分钟后，孩子走出房间，说："小狗有错，我也有错，我不该在吃饭时间喂狗，这是你们多次告诫我的。"父亲笑道："那么，今天你就该为自己的错误承担责任，待会儿要收拾餐桌，并拿出零用钱赔这个盘子。"男孩点头表示知道。

　　尽责：不为自己所犯的错误找借口，敢于承担。

2. **小思考**：有哪些事情，本该是自己分内需要做的，却是爸爸、妈妈在帮你做？

五、每日一句：管好自己，就是尽责

Word of the day: It is good to do your job

专心在一件事 *Focus on One Thing*

一、预备时间（*Prepare your heart*）

二、故事时间（*Story*）

1. 牛顿的故事

科学家牛顿特别勤奋，学习和研究都专心致志，简直到了入迷的地步。他常常一连几个星期都留在实验室里，直到实验完成。有一次，他迷着搞实验，竟把手表当鸡蛋放到锅里去煮。还有一次，牛顿的朋友来看他，他把饭菜摆上桌后，又一头钻进了实验室。这个朋友等得不耐烦了，就先吃起来，吃过后没有告辞就走了。牛顿做完实验后出来，一看桌上的盘碟，自言自语笑着说："我还以为没吃饭呢，原来已经吃过了！"说着又走进实验室去了。

2. 小讨论：什么是"专注"？

所谓"专注"，就是集中精力、全神贯注、专心致志。一个专注的人，往往能够把自己的时间、精力和智慧凝聚到目标上，从而最大程度地发挥积极性和创造性，努力实现自己的目标。牛顿的专心，达到了忘我的境界。很多杰出的人之所以成功，都是因为专心。

尽责： 专心于所要完成的工作或任务。

三、游戏时间（*Game*）

1. 专注游戏："老师说"

规则：发令者发出指令，其他人根据指令做动作。但只有听到带有"老师说"的指令所做的动作，才算正确。其他指令如"×××（不是老师）说"不可以动，否则就出局。发令者统一给出指令，违规淘汰直到最后一位。最后胜利者可以发号施令，继续下轮游戏。

2. 妮妮的思考

听了牛顿的故事，做了专注游戏，妮妮开始反思：

2.1 什么是自己的责任？（提示：专心听课等。）

2.2 我可以专心吗？

上课时，妮妮无法专心。在家里她也常边看电视，边做功课。听到提醒，嘴上虽说"好"，仍无法专心写作业。人可以完成很多件事，但要把时间做个分配。无论做哪件事，在特定时间内，总要对那件事专心。

尽责： 专心做一件事，才能做好。

1. 帮帮小妮妮

专心不是指样子专注，而思想却东奔西突，无法集中。妮妮觉得自己该在"专注能力"上成长，她不仅自己反思，还找到能够专心听课的小静，虚心地向她讨教。

讨论：1.1　妮妮是不是很丢人？（提示：发现自己的不足，努力改正，是自己的责任。）

1.2　小静告诉妮妮的秘诀：一次只做一件事。如不能一边写，一边吃东西等

1.3　你能给妮妮提出什么样的帮助意见吗？

尽责：发现自己的不足，努力改正。

2. 专注练习：用最快的速度指出框中从 1 到 25 的数字，试着在 1 分钟内完成。

22	4	5	24	19
17	7	25	12	15
11	13	20	1	18
21	2	9	23	16
8	6	14	3	10

五、每日一句：专心做好一件事
Word of the day: Be focused on one thing

尽责第 4 课 *Responsibility Lesson Four*

这是谁的责任？   *Who Is Responsible？*

一、预备时间（*Prepare your heart*）

二、图画故事（*Illustrated story*）

1. 妮妮很难过

奶奶病了，好想做饭给她吃……

爷爷…我……

不要哭……做饭是大人的责任

妮妮很爱奶奶，奶奶生病了，她给奶奶倒水喝，拿药吃。可到吃饭的时间了，爷爷还没回来，妮妮想去做饭，可是她不会做，急得她哭了起来。看来，妮妮很有责任心。

爷爷回家了，抱起正在哭的妮妮，夸她是个乖孩子，谢谢她愿意照顾奶奶吃饭。但做饭还不是妮妮的责任："等再大一点，爷爷教你做饭。"有些事要再长几年，才会由我们担当。

教导：要分清哪些是我的责任，哪些是大人的责任，哪些是社会和学校的责任。

2. 三胖很苦恼

三胖在做功课时，总是希望别人陪着，甚至是帮他写好。另一方面，他又总觉得父母离婚是因为自己不乖，都是自己的错。其实三胖想错了，做功课是自己的责任，但有关父母的事情，那是大人的责任。无论父母怎样决定，他们都很爱自己，自己也要继续爱父母双方。

妈！你帮我写！

离婚

一定是我的错！

一定是我不够好……

三、情景时间（*Application*）

请问下面四图，哪个是我该尽的责任？

图1　乐乐边走边吃，把香蕉皮随手扔在路上

图2　毛毛看到小偷在偷东西，大声呼喊

图3　芳芳一边清扫校园，一边快乐地唱歌

图4　晚饭后小刚只顾玩，妈妈在收拾餐桌。

四、讨论时间（*Discussion*）

1. 爱护环境是我的责任吗？
2. 面对坏人，我的责任是什么？
3. 我在学校，应尽哪些责任？
4. 我在家中有哪些责任？

尽责：我到过的地方，要比我来时，更干净。

五、每日一句：我到过的地方，要比我来时更干净

Word of the day: This is my responsibility（这是我的责任）

坚持做完事情　*Commit to Finish*

一、预备时间（*Prepare your heart*）

二、教导时间（*Teaching*）

1. 小故事：小里根坚持还完赔款

美国前总统里根小时候，有一次在外面踢球，不小心把一家商店的玻璃打碎了。老板找到里根的父亲，要求赔偿损失。老里根照价赔偿后，把儿子叫到跟前说："玻璃窗是你打碎的，应该由你来承担责任。由于你现在没钱，所以我先暂时替你垫上这笔赔款。你要利用暑假去打工，把钱还上。"里根答应下来，整整一个暑假，他拼命干活，终于还清这笔总共 15 美元的赔款。

尽责：克服困难，坚持完成自己答应的。

2. 小项目：找出自己的家乡

道具：一个干净的本子，命名为国家地理。

大头针一枚、胶水、复印一张中国地图。

进行方式：

2.1　找出自己的家乡，并用笔圈出省份轮廓；

2.2　用大头针沿着轮廓扎成洞，直到可以"拿出来"；

2.4　贴在国家地理本子的一页，并写上名称；

2.5　回家后，再找出河北省、辽宁省和西藏自治区。

尽责：练习耐性，持续完成一件事。

三、小复习（*Review*）

管好自己包括_____、管好_____思想、_____。

本周你还学到哪些有关责任的内容？_____

_____

四、情景时间（*Application*）

"马虎大王"毛毛每次考试都第一个交卷，可是每次成绩都不理想。他的老师后来给他规定：不许第一个交卷，要第三个才能交。在交卷之前，要认真检查一遍。可是，无论怎样检查，毛毛总是看不出问题来。怎么办呢？毛毛的爸爸为他的粗心愁死了。

"忘事大王"妮妮总是记不住事情，每次奶奶千叮咛万交代，她当时都答应得好好的，可是看见小猫咪，逗逗它，奶奶交代的事情就忘光了。奶奶生气，但训完妮妮后也后悔，这个孩子难道天生就这么粗心"健忘"吗？

毛毛和妮妮以前也不知该怎么办，可自从上了品格课后，毛毛和妮妮觉得自己可以成长。多练习就会改变，我们和毛毛、妮妮一起做下面的练习题吧！

1. 请比较下面两张图，有哪些不同的地方？

A. 有关树木（Tree）：～～～～～～～～～～～～～～～～～～～～～～～～～～～～～～

B. 有关河流（River）：～～～～～～～～～～～～～～～～～～～～～～～～～～～～～～

C. 有关钓鱼的人（Fisher）：～～～～～～～～～～～～～～～～～～～～～～～～～～

D. 有关图中的车（Car）：～～～～～～～～～～～～～～～～～～～～～～～～～～～～

E. 左图（Left）和右图（Right），一共有几处不同？～～～～～～～～～～～～～～～～

2. 尽责表现在注重细节，请圈出两张图的不同之处。共有几处？

五、每日一句：坚持做完每件事
Word of the day：Commit to finish

真实第 1 课 *Truth Lesson One*

诚实赢得尊敬　*Honesty Earns Respect*

一、预备时间（*Prepare your heart*）

二、故事时间（*Story*）

1. 诚实的门德尔松

英国维多利亚女王在白金汉宫举行盛大的招待会，欢迎杰出的德国作曲家门德尔松来访。署名门德尔松的《伊塔尔兹》曲子演奏以后，女王对他称赞道："单凭这一个曲子，就可证明你是天才。"门德尔松平静地对女王说："不，那是我妹妹芬妮亚的作品。"原来芬妮亚也是个音乐造诣极深的音乐家，但当时的音乐作品不能署女人的名字，《伊塔尔兹》就是出自她手。

女王并没有因为门德尔松的话而感到失望，相反，她对这位诚实的作曲家更加尊敬了。

请问：说出真话是否会使人丢面子？恰恰相反，真话使人赢得尊重，假话使人颜面尽失。

真实：有一颗尊重事实，爱真理的心。

2. 山姆的选择

沃尔玛（Walmart）创始人山姆·沃尔顿，少年时家境贫寒，当他收到耶鲁大学的录取通知书时，便为学费发愁起来。于是，山姆跟着父亲到处承接刷油漆的工作，好挣到学费。

有一次，山姆的父亲交代说："这活要在两天内刷好刷完。"山姆开始用心刷起来，一天多就把墙全部刷完。他把门拆下来刷，快到两天时，顺利把门也刷好了。可山姆不小心撞在门上，门又倒在墙上，留下了清晰的门框痕迹。这时他有三种选择：把门框痕迹处重刷后按时间交差，不过是次品；二是不做了，钱也不收了；三是重新买油漆再全刷一遍，费时费力还要亏损。

山姆决定用最"笨"的第三种办法。刚开始客人因未按时交活很生气，山姆道歉后，把经过讲给他，并表示："我既然接了这个工程，就一定负责做好。"客人追问他为何会来刷漆，山姆坦诚地说，因为要赚够学费。这位客人笑了，他拍拍山姆的肩膀说："你的学费我包了。"

山姆毕业后正式进入这位客人的企业工作，从基层认真做起。两年后，老板把他叫到办公室问："你认为某某漂亮吗，她好吗？"山姆回答说："又漂亮又好。"老板说："她是我的女儿，我想把她许配给你。"山姆就这样娶到了相守一生的太太，后来通过他不懈的努力，建立了美国零售业帝国——沃尔玛（Walmart）。

请问：如果你是山姆，你要做哪种选择？

很多人都认为有时做决定太难了，还有的人，根本不愿意吃亏。山姆做决定的标准是品格元素，选择诚信。看起来是最笨的方法，但他的学费、工作、婚姻、事业都接踵而来。难怪有人说，吃亏就是占便宜。诚实没有使山姆吃亏，反而为他赢得了机会。

真实：是做选择的标准，要活出好品格。

三、情景时间（*Application*）——谎言（*Lie*）的陷阱

老师请同学们交昨天布置的作业，毛毛和三胖没有做，但两个人都站起来说"忘带了"。老师一听，就说："那就回家去取！"毛毛傻在那里，而三胖则灵机一动，谎称"没带钥匙"。老师看着三胖的眼睛说："我会打电话给你妈。"三胖一听，汗都出来了，他感到无力和疲累，小声说："我妈病了。"老师笑着反问道："是吗？"看着老师，三胖有种"完蛋了"的感觉。

毛毛看到三胖的一幕，决定向老师认错，他走到老师面前，诚恳地向老师道歉："对不起，我骗你说没带，其实我没写。"老师原谅了毛毛，鼓励他下次认真完成功课，毛毛很开心。

谎言的陷阱：撒了一个谎，要用更多的谎话来应付，进入一种恶性循环和被动当中。

如何打破呢？当毛毛勇于认错，就打断了这个恶性循环。

真实：不说谎话、大话和空话。

四、分享时间（*Sharing*）

1. 你有没有三胖的经历？你有没有毛毛的勇气？

2. 当你面对选择（决定）的时候，你依据的标准通常是什么？是自己方便还是活出好品格？

五、每日一句：求真之心，诚实无畏

Word of the day: Honesty earns respect

友谊出于真诚　Truth in Friendship

一、预备时间（Prepare your heart）

二、图画故事（Illustrated story）

图 1　小琴怎么不理我了？

小琴丢了妮妮借给她用的笔，心里很气恼，但又怕见妮妮。因此，她一看见妮妮走过来，就赶紧走开。可是，妮妮还以为小琴不喜欢自己了，觉得小琴讨厌她，心里也很沮丧不高兴。

教导： 我们的想法，别人很难猜到，要真实以待。小琴本来怕妮妮知道笔丢了不理她，现在因为她的躲闪，就已经惹恼妮妮了。

真实： 不躲避，敢面对，诚恳地说明问题。

图 2　小宝和毛毛决定"断绝"朋友关系

毛毛和小宝又打架了，二人不仅拳头相向，而且口中也不饶人。小宝骂了毛毛，毛毛说："我再也不想理你！"二人决定"绝交"。可是事后，小宝和毛毛都很后悔。

有时，我们话语表达的，并非我们真心的感受。

真实： 看重友谊，不轻易说"断交"的话。

三、讨论时间（Discussion）

问： 你认为如果小琴告诉妮妮，"我不小心把你的笔弄丢了"，妮妮会不会生气？

请回答"生气"和"不生气"的同学代表，分别阐明自己的观点，进一步讨论。

问： 毛毛和小宝是真心想从此不再做朋友了吗？

他们有讲心里话吗？

在事情发生时，我们来不及思考，说了一些过头的话，甚至故意"反着说"，这个称为第一反应。但当冷静下来后，小宝和毛毛发现了内心真实的想法，称为第二反应。好品格的人看重第二反应。

请问，你觉得小宝和毛毛该怎样做？

真实： 不在生气时说反话，对朋友真心以待。

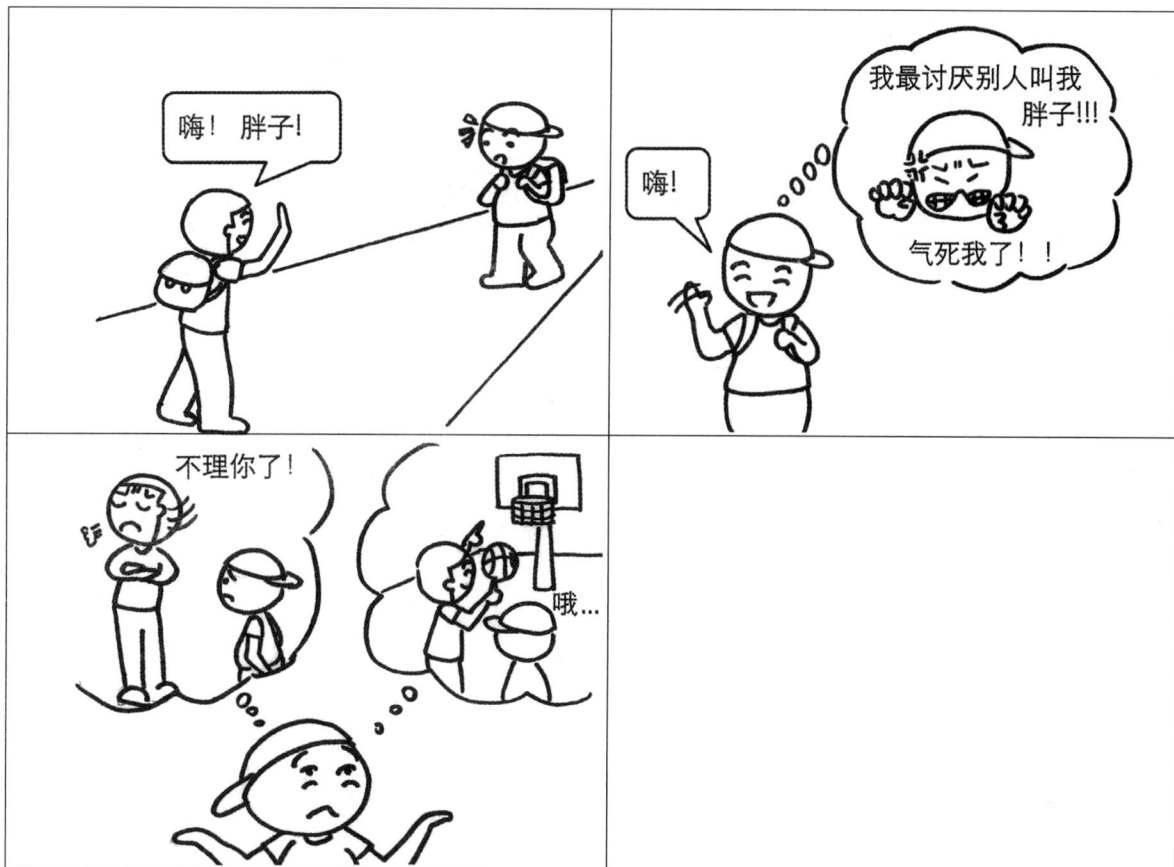

1. 小故事——该不该告诉他呢？

　　小明每天见了三胖，都叫他"胖子"，还笑话他穿的衣服、走路的样子。三胖心里好不舒服，可是又想让小明和自己练球，就一直忍着，三胖觉得心里很压抑。

2. 小讨论

　　问1：三胖喜欢小明这样待他吗？

　　答1：当然不喜欢。他喜欢小明陪他练球，但不喜欢他叫自己胖子，笑话自己。

　　问2：既然两个人做朋友，一个对另一个很有意见，你觉得他们的友谊牢固吗？

　　答2：不会的，三胖总有一天会受不了的。应该坦诚地说出来。

3. 小教导：

　　不真实的代价：三胖怕失去友谊，反而可能会真实地失去。

　　友谊的基础在于坦诚，真实说出心里的感受，使友谊更牢固。我们的心很容易累积别人对我们不好的负面印象，保持心的清洁才会觉得轻松快乐。既要学习豁达，饶恕别人，也需要倾诉。三胖要怎样说？你帮三胖出个主意好吗？

4. 小练习：两人一组，分别扮演三胖和小明，妮妮和小琴，练习真诚表达自己。

5. 创意绘图：请根据你的思路，在图中画出第四幅情景图，并为图画涂色。

　　真实：对朋友坦诚说出自己的感受。

五、每日一句：朋友相处，真诚以待

Word of the day：Be true to your friends

真实第 3 课 *Truth Lesson Three*

一诺千金　*Promise Keeper*

一、预备时间（*Prepare your heart*）

二、视频故事（*Video*）

1. 小视频：一诺千金

   链接：http：//v.youku.com/v_show/id_XNzE3NzEyMjQw.html?from=y1.2-2.4.22

2. "一诺千金"使季布免遭祸殃

   秦末有个叫季布的人，一向说话算数，信誉非常高，许多人都和他建立起了深厚的友谊。当时甚至流传着这样的谚语："得黄金百斤，不如得季布一诺"（这就是成语"一诺千金"的由来）。后来，他得罪了汉高祖刘邦，被悬赏捉拿。结果他旧日的朋友不仅不被重金所惑，而且冒着灭九族的危险来保护他，使他免遭祸殃。

   一个人诚实有信，能获得大家的尊重和帮助。反过来，如果贪图一时的安逸或小便宜，表面上是得到了"实惠"，但实际上毁了自己的声誉，而好名声相比于物质重要得多。

   真实：诚实有信，一诺千金。

三、讨论时间（*Discussion*）

红红、巧巧、妮妮和小静是好朋友，周五放学前，她们商量好周日要一起去红红家玩，大家约好下午三点钟在红红家见面。红红做了精心的准备，但是三点钟到了，一个人也没有来。除了小静在快到三点时，打了一个电话给她，告诉她正在堵车外，妮妮和巧巧根本不见人影。原来，妮妮压根儿就把这事给忘了，而巧巧的妈妈另外有事，不能送巧巧来。

请讨论，你怎样看待巧巧、妮妮和小静的行为？

四、教导时间（Teaching）

1. 如何处理"爽约"？

妮妮： 既然答应了，就要尽量做到。不应该忘记，要记住自己的承诺。

小静： 因为堵车，临时出了状况，就要在约定的时间（三点）前，通知对方。无法按时到达，就打电话通知对方。如没电话，见面一定要道歉。

巧巧： 有的时候，我们允诺了，但情况出现了变化，应该不躲避，要诚实沟通。妈妈虽然有事，但是去红红家是自己允诺的，应当自己去告诉红红，红红会理解的。

红红： 别人爽约，不应该"夺走"自己的喜乐。可以等小静来后，一起快乐游戏，平常也应了解妮妮容易忘事，要多提醒她。

2. 图画故事：领袖的魅力

芳芳是班长，她很在意话语要真实有信用。这天她质问小静为何忘了通知妮妮，但小静说芳芳记错了，当时二人讨论的结果是芳芳自己通知。芳芳想起来了，的确是自己记错了。她内心挣扎了一下，怕承认使自己失去领袖魅力。然而当芳芳选择真实，承认是自己记错了后，她发现内心平安了，而小静更尊敬自己了。

诚实赢得尊重，领袖要胜过最大的"挑战"就是自己，活出好品格是有魅力的保证。

真实： 胜过自己，是有魅力的保证。

3. 英文学习：

请把下列单词中，其元音字母按短元音 [æ] [e] [i] [ɔ] [ʌ] 发音的方式来分类，并填入下表中。

a	e	i	o	u

pen

mug

pig

 bug    pot    kid    hat    jet    mop   yam

五、每日一句：诚实守信，一诺千金
Word of the day: Always keep your promise

真实第 4 课 *Truth Lesson Four*

生命的成长　*Keep Growing*

一、预备时间（*Prepare your heart*）

二、游戏时间（*Game*）

游戏：拇指翘起来（人数至少十四人）。

大家在教室里坐在自己的位置上，七个被选召的学生站到前面。老师说"头低下，拇指翘起来"，然后大家低头手伸出来把拇指翘起来。接着七个学生就下去每人按下一个人的拇指。完成之后走到前面来说"头抬起来，七个人起来"。然后那七个被按了的同学就要说出按他的人的名字，如果说对了就能替代那个人继续游戏。

三、图画故事（*Illustrated story*）

1. **小故事：** 这些天，芳芳和妮妮比较谈得来，她们二人都不想理小静。当小静问她们原因时，她们嘴上都说"没什么"，可是芳芳心里知道，是因为这次期中考试小静得了第一名；而妮妮自从那天看到小静的妈妈来学校接她，对小静百般关爱后，妮妮觉得自己的心就和小静远了……小静知道后，笑呵呵地说："这个叫嫉妒，我以前也是这样，后来我成长了。"芳芳和妮妮非常好奇，忙问小静是怎样克服嫉妒的？

   小静成长的秘诀，就是当别人夸奖芳芳、妮妮时，就更来称赞她们！

2. **创意绘图：** 请思考并画出第四幅图，然后给图画涂色。

3. **小教导：** 我们要留意自己的心，不放过心向我们传达的任何信息。小静在嫉妒方面成长了，这样的成长，使小静变得喜乐和豁达。愿意在发现问题后更新改变，就叫生命的成长。

真实： 诚实面对自己的问题，并愿意在该问题上成长。

1. 宣传栏

三胖、小宝、毛毛在一个班级，毛毛是副班长。这天，毛毛和小宝因为如何办宣传栏的事争吵起来。毛毛坚持用气球来装饰，他的建议最后得到采纳，而小宝用画图的方式没有被采纳。生气的小宝向三胖发牢骚，三胖出了一个坏主意，"把那些气球扎破了"。在三胖的怂恿下，他们真的那样做了。班会上，大家希望找出"凶手"，三胖笑嘻嘻地说："是毛毛干的！"毛毛气炸了，可是当他冷静下来，他检讨不该和小宝争吵；小静想到三胖爸妈离婚了，他因此缺乏家教，不由得对他产生了怜悯；班长芳芳也反省把气球挂早了。最后，老师严厉地批评了小宝和三胖，他俩承认错误，愿意成长，做个正直、诚实和配合的人。

2. 怎样成长？

2.1 反思分析：如同小静、芳芳、妮妮的故事那样，出现问题，反思分析。

2.2 哪些是生命的问题呢？就是别人指出来的（如老师的批评，小静的分享），和自己反思得来的（毛毛和芳芳）。

2.3 找出成长目标和方法：借鉴别人的经验（如向小静学习她战胜嫉妒的秘诀）。

真实： 遇到什么问题，就在该问题上成长。

ACROSS 横向
1 Encouragement 鼓励
2 Renewal 更新

DOWN 纵向
3 Joy 喜乐
4 Care 关爱
5 Big Heart 豁达

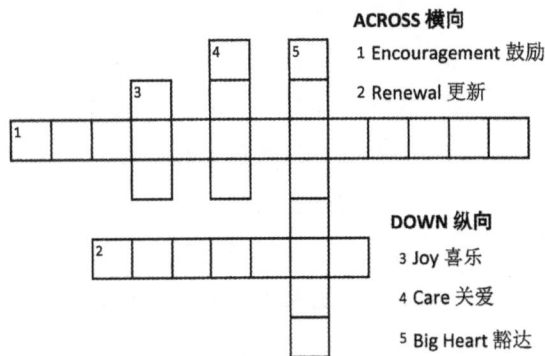

3. 英文学习： 完成拼字游戏，记住品格点

五、每日一句：真实面对，生命成长
Word of the day: Keep growing

我该怎么办？ *What Should I do?*

⏱ 一、预备时间（*Prepare your heart*）

⏱ 二、看图说话（*Describe the picture*）

图1 小宝最近很委屈

那天电话响了，爸爸边看报纸，边不耐烦地说："有人找我，说我不在家！"小宝一听电话，果然是找爸爸的，就诚实地说："我爸说他不在家！"结果事后爸爸很不高兴。他百思不得其解，自己究竟做错了什么？！其实说谎的是爸爸，可小宝该怎样办呢？他是否该劝爸爸，请爸爸自己来接电话呢？

真实：一种需要智慧的诚实。

图2 该怎么办？

几个男人在追打一个小女生，他们跑到毛毛和小宝的面前，大声追问："她往哪里跑了？"毛毛和小宝愣在那里，不知如何回答。还是小宝机灵，他往女孩跑的相反方向指去。

你是否支持小宝这种"说谎"行为，万一大孩子打他们怎么办？要先保护好自己。

真实：不为坏人守密，对坏人可以"说谎"。

图3 妮妮讲出别人的"实话"

妈妈从外地给妮妮打电话，顺便问起奶奶，结果妮妮把奶奶平常说妈妈的"实话"都告诉妈妈了。妮妮平时，心中也存不住话，她喜欢把别人的私事，告诉大家。

维护家庭的和睦，需要智慧，妮妮的行为有"搬弄是非"之嫌，当然她是无心的，真实的人不讲别人的隐私，妮妮需要话语的智慧。

真实：不闲言闲语，不说别人隐私。

三、小复习（Review）——请填空

| ①品格 | ②谎话 | ③真心以待 | ④成长 | ⑤智慧 | ⑥一诺千金 | ⑦坦诚 |

1. 真实是不说_____、大话和空话，也是不躲避、敢面对、诚恳地说明。

2. 真实是对朋友_____说出自己的感受。

3. 真实是不在生气时说反话，对朋友_____。

4. 真实是诚实有信，_____。

5. 真实是不为坏人守密，对坏人可以"说谎"，是一种需要_____的诚实。

6. 真实是遇到什么问题，就在该问题上_____。

7. 真实是做选择的标准，是活出好_____。

四、练习时间（Practice）

1. 请用事实＋感受的模式，描述下面三幅图。

第一步：仔细观察图 30 秒；

第二步：先说出你在图上看到的部分：是存在于画面的人物、数据、对话、思想等"事实"的部分；

第三步：根据你的思考判断，说出"感受"的部分，例如，"我觉得……""我认为……""我想这幅图表达的是……"。

2. 英文学习：拼字游戏
请根据之前学习的品格点填空。

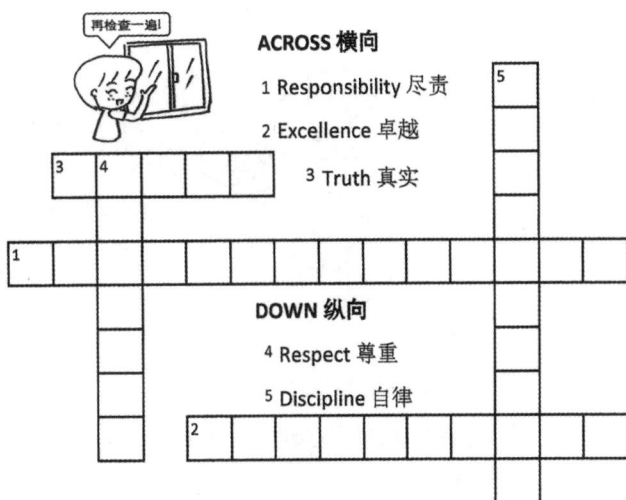

ACROSS 横向

1 Responsibility 尽责

2 Excellence 卓越

3 Truth 真实

DOWN 纵向

4 Respect 尊重

5 Discipline 自律

五、每日一句：真实做人，智慧说话
Word of the day: *Be honest and be smart*

自律第 1 课 *Discipline Lesson One*

做对的事情　*Doing the Right Thing*

一、预备时间（*Prepare your heart*）

二、小活动（*Activity*）

请朗诵《自律歌》：

按时上学准时起，操场排队快静齐。

课间活动重安全，尊重沟通乐游戏。

交通规则不忘记，公共场合守纪律。

自律自爱勤助人，品格修养要牢记。

自律：在没人监督时，自己要求自己，自觉地约束自己的一言一行。

三、分享时间（*Sharing*）

老师请大家分享平常在没有人监督和要求的情况下，个人的生活和学习状态是怎样的？

毛毛：该睡觉的时候玩游戏机，但上课时，却在睡觉；

妮妮：上课时候想着下课玩，等下课了，又不敢和同学玩；

三胖：做作业时不想做，别人下课玩，他只能补功课；

小静：学的时候好好学，玩的时候尽情玩。

小静很有智慧，她说，"妈妈告诉我，智慧是在对的时间，做对的事情。"

自律：在对的时间，做对的事情。

四、练习时间 (Practice)

1. 一分钟有多长？

   小静给大家的第一个练习，是请大家闭上眼睛，估计到一分钟后再睁开眼睛。

   经过这样的练习，大家对时间有点概念了。

2. 读表练习

   请根据小静的时间表，读出时间并填空，或在表盘上画出时间。

早上	7：00	起床	Getting up
早上	8：00	上学	School
中午	12：00	午餐	Lunch
晚上	6：00	晚餐	Dinner
晚上	8：00	学习	Homework
晚上	10：00	睡觉	Sleep

   起床 Getting up
   早上 7:00

   _____ School
   早上 8:00

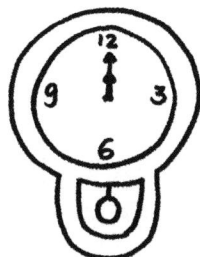

   午餐 Lunch
   中午 _____

   晚餐 Dinner
   晚上 _____

   _____ Homework
   晚上 8:00

   睡觉 Sleep
   晚上 10:00

3. 英文句型练习

   It is time for……（现在该去做……了。）

   例如：It is time for dinner.（现在该吃晚饭了。）

   It is time for school.（现在该去上学了。）

五、每日一句：在对的时间，做对的事情

Word of the day: It is time for……（现在该做……）

勤奋出天才　*Diligence Is the Best Talent*

一、预备时间（*Prepare your heart*）

二、故事时间（*Story*）

1. **小视频：** 勤奋的舒曼（链接：http：//www.soku.com/search_video/q_勤奋的舒曼）

   罗伯特·舒曼是著名的德国音乐家。他小的时候，有一次他和朋友们在房间里演歌剧，把床单被套都搅乱了，结果被妈妈狠狠地揍了一顿。6 岁时，舒曼跟着爸爸去参加音乐会。爸爸很奇怪，因为舒曼很安静，在整个音乐会上一句话都没说。音乐会结束了，他还沉默着。爸爸问："舒曼，你在想什么？"舒曼回答说："我在想那个美妙的琴声。爸爸，我要当个音乐家。"爸爸迟疑了一会儿，说："音乐是高尚的艺术，爸爸支持你。"

   之后，爸爸从维也纳给舒曼订购了钢琴，小舒曼欣喜若狂。12 岁的一天，他在爸爸的书房里，找到了一本管弦乐谱。他想，要是能组织个小乐队来演奏，肯定比一架钢琴演奏效果好。他把会小提琴、长笛的同学都集中起来，开始排练。爸爸很支持他的想法，给小乐队添置了真正的谱架。孩子们没有让他失望，他们为父母举行了一次成功的演出。尤其是舒曼的钢琴伴奏，赢来了阵阵掌声。

   然而，当舒曼沉浸于音乐的时候，父亲去世了。母亲把他送进大学，学习法律。他不喜欢法律，却喜欢大学的图书馆，因为这里有许多的音乐著作。在这里，他结识了音乐教授雅克先生，舒曼从此搬到教授家里学习音乐。舒曼的手指用力不均，他就用绳子把中指吊起来，用其他几个指头练习弹琴，以增加手指力度。然而这种练习毁了他的右手。当医生告诉他右手不能再弹琴时，他跑到河边，真想一头扎下去。这个时候，他想起了贝多芬，他耳聋以后还创作出那么多作品呢！他心想：我失去的只是成为一个钢琴家的能力，我还有成为作曲家的希望。舒曼重新获得了勇气，他创作了大量的歌剧和交响乐。他的才华，赢得了钢琴家克拉拉的爱情，30 岁那年他们结婚了。婚后舒曼作曲、克拉拉演奏的巡回演出，在欧洲受到了热烈的欢迎。演出和创作的劳累，夺去了舒曼的健康，46 岁他就去世了。克拉拉继续巡回演出，把舒曼的音乐理想延续下去。

2. **小思考**

   2.1　当舒曼决心当音乐家时，他怎样刻苦地练习？

   2.2　当他发现自己不能再弹琴之后，他是如何重新振作起来的？

   2.3　舒曼的音乐梦想有没有达成？

   > **小教导：** 很多人都夸奖那些成功的人为天才，例如音乐家舒曼。但是读了舒曼的成长故事，你会发现，所谓的天才是勤奋的结果，天才的背后都有刻苦努力的故事。难怪有人说，勤奋出天才。

   自律： 能够刻苦、反复地练习和学习。

三、教导时间（*Teaching*）

图　小静在学习时，勤于思考

小静坐在书桌前，手托着头在思考：怎么样来预备这次的考试呢？

勤奋的孩子，不光手上勤，同时也应是个勤于思考的人。遇到问题，要思考怎样解决，同时也要主动提问。

警句： 成功者勤劳有方，手勤脑也勤。

自律： 积极思考，勤于动脑。

四、游戏时间（*Game*）

1. 乘法运算：将运算结果填入下图中。

2. 根据右框中要求，涂上相应的颜色。

3. 英文学习：记住颜色和数字的单词。

数字	Number	颜色	Color
6	Six	红色	Red
12	Twelve	橘色	Orange
16	Sixteen	蓝色	Blue
18	Eighteen	黄色	Yellow
27	Twenty-seven	绿色	Green

五、每日一句：动手又动脑，勤奋出天才

Word of the day： Diligence is the best talent

顺从有祝福　*Obedience Brings Blessings*

一、预备时间（*Prepare your heart*）

二、游戏时间（*Game*）

小游戏：请你跟我这样做

图1　跟着做的，有喜乐

老师分别做出各种动作，或发出什么
声音，同学们跟着做。例如"下雨了"，
"出彩虹了"，拍手、转圈、模仿等。

顺服有喜乐，祝福满满。

自律：顺从老师，融入团队。

三、教导时间（*Teaching*）

图2　小勇不听从爸爸

小勇拿了爸爸的东西，爸爸要求他把
东西放回去，但他说"不"。

顺从是指心里和行动都对于那些应该
听的话、命令或需服从的对象，做同
意并遵行的行动。

问：顺从的对象有哪些？

答： 父母、老师、长辈、领导、哥哥姐姐。

自律：听从父母，心态低伏。

小讨论： 小勇的爸爸要求他把东西
放回原处，是不是不爱他？

教导： 爱一个人，并不是溺爱，孩子想要怎样就怎样，这样可能会害了他 / 她。

纪律约束也是一种爱。若是能够帮助孩子脱离任性，主动顺从，对他的求学，工作和家庭都
将是很美的祝福。有人说，智慧就是做一个有利于将来的决定。例如，读书与玩耍比起来，
一定是枯燥的，但是不读书的孩子长大后，只能懊悔。智慧的父母，有爱有管教，做有利于
孩子长远幸福的决定。孩子也要明事理，有智慧，愿意约束自己的心，不能任性。

自律：约束自己的心，不任性。

图3 "快住手！"

三个朋友本来在讨论事情，突然甲对乙动起手来，丙大声喝止甲，"快住手"，但甲不听。

不管乙多么可气，都不该打人。我们需要认识自己的情绪，学习做情绪的主人。人都会有一时冲动的时候，但贵在当别人劝我们时，可以心柔软下来，听进别人的意见。若是甲能听进丙的话语，就不会惹出祸来。

自律：管理情绪，听进劝诫。

快住手！

不行,我要修理他

小教导： 古人云，"三人之行，必有我师焉"，意思是，三个人当中，总有一个人我可以从他那学到东西。除了要留意顺从老师、父母、长辈外，我们也应当在同学间彼此学习，彼此顺从。若只是"符合我心意的才听，不顺我意的一概不理"，这不是真实的顺从，人要有尊重真理的心。俗话说，"忠言逆耳"，有智慧的人可以听取多方的建议。顺从的人，多蒙祝福。

爱心小提醒： 顺从真理。例如，如果今天别人让我们去打人，你要不要听他的？如果某些哥哥叫我们去骗人、偷东西等，要不要顺从？

(提示：不能，因为要顺从真理。)

自律：尊重真理，彼此顺从。

四、练习时间（Practice）

1. 练习《顺从歌》：个人（或各小队）可以一边比赛，一边加快速度。

《顺从歌》

顺从无借口，听到马上动；
心甘乐意做，无论何时刻；
别人劝诫我，我愿真听从；
口中无怨言，心中不发怒；
立志要顺从，祝福无限大；
为显我明了，再说快一点。

2. 英文学习

请为右图连线，并学习和书写单词。

bite

kite

Mike

like

五、每日一句：顺从带来祝福

Word of the day: Obedience brings blessings

礼仪的训练 Manners Training

一、预备时间（Prepare your heart）

二、小项目（Project）

1. 小实验：你心里面承装的是什么？

   道具：纸杯2个、打火机、矿泉水

   方式：1.1 拿起一个空纸杯，用打火机在杯底点火燃烧，不到5秒钟，就会发现冒出白烟，杯底一下就烧出破洞（记得要迅速将火吹熄，避免一烧不可收拾）。

   1.2 再取另一个纸杯，注入少许水，用小火在杯底燃烧，却不会烧破底部（因热量被水吸收）。

2. 小讨论：为何两个看起来是一模一样的杯子，被火一烤，结果却完全不同呢？

   关键是——里面装了什么东西。装水的纸杯，就能承受烈火的考验。

   当一个人内在承装的是好品格时，面临压力、谎言、试探、苦难等种种像火一般的考验，就能保守自己。而外在的好礼仪，其实就是内在品格的真实反映。

   自律：看重好品格，行出好礼仪。

三、讨论时间（Discussion）——用餐礼仪

请对照《用餐礼仪歌》，评论四图，指出正确的和需要改进的地方：

《用餐礼仪歌》
客人入座我再坐，
长辈动筷我再夹，
不挑食物不浪费，
使用公筷轻放拿。
细嚼慢咽不出声，
嘴含食物不说话，
不敲碗盘不嬉闹，
按时吃饭不拖拉。
骨头残渣留盘中，
微笑倾听要回答，
吃毕离席要告退，
放正座椅礼貌佳。

1. 请根据上图，指出各种不对的礼仪，并讨论该如何改进。

　　上课中（In the class）：_____

　　运动场上（At the playground）：_____

　　商场中（In the supermarket）：_____

　　电影院里（In the theater）：_____

　　自律：公共场合，文明有礼

2. 请给图画涂色，并反省自己的行为。

3. 英文学习

　　掌握下列场景的英语表达，上课中、运动场上、商场中、电影院里。

五、每日一句：**文明你我他，有礼好公民**

Word of the day: Etiquette makes good citizen

心中有原则　*My Principles*

一、预备时间（*Prepare your heart*）

二、游戏时间（*Game*）

游戏：品格警察

这是一个捉人游戏，如果被"品格警察"抓到了，就得站在原地不动，没被逮到的人可以过去碰你一下解救你，而要解救成功必须喊出一个品格名称（例如尊重、更新、顺从等），或是在品格课程中学到的任何英文，注意不得重复。（注：场地要宽阔，"品格警察"轮流做。）

三、图画故事（*Illustrated story*）

图1　我该怎么办？

当你的好朋友要求你一起去骂一个欺负她的同学时，你该怎么办？小静想到了自己的原则，这是好朋友的请求呀？

其实，每个人的内心都有一个法官或指挥官，在指导我们作出决定，产生行动，这个法官就是你的价值观。价值观就是你行事的原则。

自律： 有自己的原则，敢于坚持对的价值观。

图2　这样做好吗？

妈妈平常在家可节俭了，可是一到公共场合，就变了一个人……

人的内在原则，是品格的真正体现。如果只在家中节俭，但到了外面就浪费或随意拿走，并不是好品格的展现。

自律： 用正确且一致的原则要求自己。

小教导： 每个人都会遇到小静遇到的问题，小静思考了一下，和好朋友讲述了自己原谅三胖的故事，三胖因此还向自己道歉了。这样小静不仅没有丧失自己的原则，还把对的价值观传递给好朋友。品格是一个人持久不变的行为模式，换句话说，人前人后一个样，那才叫品格。

三、故事时间（Story）

许衡是我国古代杰出的思想家、教育家和天文历法学家。有一年夏天，许衡与很多人一起逃难。由于长途跋涉，加之天气炎热，所有人都感到饥渴难耐。这时，有人突然发现道路附近有一棵高大的梨树，梨树上结满了清甜的梨子。于是，大家都你争我抢地爬上树去摘梨来吃，唯有许衡一人，稳稳地坐在树下，不为所动。

众人觉得奇怪，便问许衡："你为何不去摘个梨来解解渴呢？"许衡回答说："不是自己的梨，怎能乱摘！"众人笑他，又说："现在时局如此之乱，大家都各自逃难，眼前这棵梨树的主人也许早就不在这里了，你又何必介意？"

许衡说；"梨树失去了主人，难道我的心也没有主人吗？"

混乱的局势中，平日约束、规范众人行为的制度在饥渴面前失去了效用。而许衡有自律，能牢牢把握住自己。

自律：内在有原则，心中有"主人"。

> **名人名言**
>
> 喷泉的高度，不会超过它的源头，一个人的成就，绝不会超过自己的信念。——林肯
> "金玉其外，败絮其中"，表里不一的人，终将失去他人的信任，并且丧失人格的价值与影响力。
>   ——佚名

四、小复习（Review）

请根据本章内容，将文字或序号填入空格：

1. 好	2. 原则	3. 顺从	4. 事情	5. 刻苦

1. 自律的人，在对的时间，做对的_____，是个智慧人。

2. 自律的人，能够_____、反复地练习和学习。

3. 自律的人，行出_____礼仪，争当好公民。

4. 自律的人，内在有"主人"，有_____，可以从心里约束自己。

5. 自律的人，能够_____老师，融入团队；可以管理情绪，听进劝诫；也尊重真理，彼此顺从。

五、每日一句：做人有原则，心中有"主人"
Word of the day：I have my principles

卓越第 1 课 *Excellence Lesson One*

学业专精　*Excel in Studying*

一、预备时间（*Prepare your heart*）

二、教导时间（*Teaching*）

1. 小游戏：乒乓球与糖果

道具：12 颗糖果和 1 个乒乓球（或小橡胶球），1 个收纳盒。

步骤：把所有糖果散在桌面或地面，收纳盒放一边；抛球，然后迅速捡起一个糖果放入盒内，等球落下弹起时接住；成功收齐全部糖果的，可进入下一个级别，即一次捡起两个糖果，然后是三个糖果，先完成一次收齐五个糖果者为胜。（可每人都参与，也可小队推选人参加）。

2. 小视频：熟能生巧（http://v.youku.com/v_show/id_XNzE3NzEyMjUy.html?from=y1.2-2.4.25）

北宋时候，陈尧咨善于射箭，大家都很敬佩他，他也以此本领自夸。逐渐地，陈尧咨骄傲自满起来，一天他表演精彩弓术时，一个路过的卖油老翁却说，没什么了不起，做熟了自会找到窍门。说着，便在葫芦口放了一枚方孔古币，接着舀了一勺油往里倒，油像一条细细的直线一样，都倒进了葫芦里，而硬币连一丝油渍都没沾上，引来众人的赞叹，陈尧咨见此情景，一声不响地转身走了。

3. 小教导

从一个糖果开始，逐渐一次捡两、三个，除了速度还要准确（糖果掉到盒子外不算）。经过训练后，速度可以大大提升。学习成绩、生活中与人交往和将来的工作技能也是这样，既有耐心和爱心，又有专心和恒心。尽量越做越好，这就是一颗追求卓越的心。

不管做什么事情只要勤学苦练，加上掌握规律，就能找出许多窍门，干起来得心应手。

卓越：勤学苦练，掌握规律，越做越好。

三、分享时间（*Sharing*）

今天是学习经验分享大会，老师请大家分享交流的题目是：如何把学习搞好？

毛毛第一个发言：我需要克服粗心的问题，我想在这方面成长。每次我错一个写十遍，逼着自己完成后反复检查，结果我发现，我好像心细了。熟练就会少出错。

芳芳：我的秘诀是阅读。妈妈带我从图书馆借了很多书，不仅学好课本知识，还阅读了大量的课外读物，大量的阅读帮助我整理思维！

小静：我学习的秘诀，就是上课注意力非常集中，因为老师教的精华都在课堂里。下课也要认真完成作业，我从来没有赶功课熬夜的，我有很多时间玩耍。上课专心是我摸索到的规律。

丁丁：现在遇到的最大困难是英语，完全学不懂。但我立志要把外语学好，我要背单词，看英语动画片，还有人建议我多找外国朋友练口语。我相信勤学苦练，我一定能掌握英语。

请你也加入分享和思考：你是如何学习的？所遇到的困难是什么？有何经验要分享？

卓越：在学业上专精。

1. 小故事："追星族"

丁丁最近迷上了摇滚乐，他吃饭时敲打，总是套着耳机，坐在贴满摇滚明星画像的房间里，丁丁根本没心思学习，满脑子都是打击乐器的声音。

妮妮则是迷上了一位校园歌手，她仔细对此歌星做了跟踪，对他的故事了如指掌。她还到处推荐这位歌手，自己花钱买票给同学，约大家一起去捧他的音乐会。虽然第二天就要考试了，可是看着台上心爱的歌手，她欢呼雀跃，完全不理会脑子中不时跳出的提醒："明天要考试……"

2. **小讨论**：你怎么看待丁丁和妮妮的行为？

（提示：有爱好是好的，但是要明白做事的优先次序，先保证必要的，如功课、健康，再从事爱好。）

3. **小教导**：无论是现在的学业，还是将来的工作，都要做一个尽责勤奋、精益求精的人。

卓越：在学业／工作上，尽心竭力。

4. **英文练习**：请为右图连线，并书写单词。

car

star

bar

guitar

✐ 五、每日一句：卓越的心，学业专精
Word of the day：Excel in studying

卓越第 2 课 *Excellence Lesson Two*

取长补短 *Learn from Each Other*

⏱ 一、预备时间（*Prepare your heart*）

⏱ 二、故事时间（*Story*）

1. 小故事：盲人和瘸子

盲人和瘸子，谁也看不上谁。盲人外出走在崎岖的路上，就央求瘸子说："大哥，可怜我这个瞎子吧！你告诉我该怎么走好吗？"瘸子回答说："我是个瘸子，自己走路都一瘸一拐的，这么困难，就是想帮你都帮不上忙啊！不过，你看上去倒挺身强力壮的。"盲人说："对，我身体是很棒，要是我能看得见路，走起来是不成问题的。"瘸子说："要不这样吧！你背上我，我做你的眼睛，你做我的腿，咱们一起赶路，看行不行。"盲人说："这真是个好主意，我双手赞成，咱们就这么合作吧！"于是，盲人背起瘸子，他们一路走得又安稳又快活。

卓越：知道自己的弱项，看到别人的强项，愿意彼此合作。

2. 视频故事：取长补短

http://v.youku.com/v_show/id_XNTg1ODQ3MDA0.html?from=y1.2-1-100.3.8-1.1-1-1-7-0#paction

战国时期，滕国是一个小国，滕文公向孟子请教，像滕国这样的小国怎样才能成为强国呢？孟子勉励他要效仿古时舜的方法治理天下，推行仁政，还要他取长补短，发挥地区优势，若是这样，即便很小的国家也能成为一个强国。取长补短的故事告诉我们，要吸取别人的长处，来弥补自己的不足，也指在同类事物中，取一个的长处来补另一个的短处。

卓越：吸取别人的长处，弥补自己的短处，并在短处上成长。

⏱ 三、小项目（*Project*）——你了解自己吗？

请写出自己的 5 项强项（即擅长的技能）和 1 项弱项。

毛毛称赞丁丁的毛笔字写得好，芳芳说毛毛上次讲演比赛得了第一名，有口才，大家都说小静的芭蕾舞跳得好。丁丁想和芳芳学习她的强项——围棋，他觉得自己的弱项是口才。

A. 你的五个强项和一个弱项是什么？

B. 你的同学当中，哪些人的强项，正是你的弱项？

C. 你可以怎样向对方学习，做到取长补短？

1. 小故事：义卖活动

学校要为贫困山区的小朋友，举办一次慈善活动，请同学们发挥自己的特长，义卖自己的作品或表演，所得的收入全部用来购买文具和书籍，送给贫困地区的小朋友。小静决定参加芭蕾舞的表演，门票收入作为义卖款项；芳芳打算把一套外公留给自己的围棋卖了；丁丁想好了，他想写毛笔字义卖，可是，一想到要在众人面前"吆喝"，他心里就不禁发慌。老师鼓励他要发挥强项，劝他找一个同学来帮他。丁丁心里想："若是毛毛愿意就好了，可是，毛毛是副班长，表现那么好，平常根本没时间搭理自己。"

但当丁丁鼓起勇气问大家时，大大超乎他的意料之外，毛毛竟然愿意和他一组！毛毛不仅夸奖丁丁有怜悯的心，还出主意说应该写一幅字："勇敢的心"。义卖那天，毛毛大大发挥了他的口才和热情，他们的字画摊位吸引了很多人。丁丁和毛毛开心极了。

2. 小讨论：从这个情景故事中，你学到了什么？请为图画涂色。

提示： 3.1　认识自己的强项，愿意发挥自己的强项，并用强项帮助别人；

　　　　3.2　不挑剔别人，能接纳别人有弱项，并能认出别人的强项；

　　　　3.3　不仅认出别人的强项，也能认出别人的好品格（丁丁的怜悯）；

　　　　3.4　取长补短，帮助朋友发挥特长，并帮助朋友在品格上成长（丁丁要勇敢）。

卓越： 发挥自己的强项，也帮朋友发挥强项，在品格上成长。

五、每日一句：取长补短，善于合作
Word of the day: Learn from each other

做个好管家　Be a Good Steward

一、预备时间（Prepare your heart）

二、图画故事（Illustrated story）——毛毛、三胖、小宝买面包

三个饥肠辘辘的小朋友去面包店买面包，店里有各式各样的美味面包，三位小朋友都挑花了眼。因为零花钱有限，大家都在发愁：是选5块的，还是7块的？毛毛思考后说："5块的面包虽然价钱便宜，但是7块的面包比5块大一半，我觉得买7块的比较划算。"小宝和三胖都赞同毛毛的说法，小宝又提议把吃剩下的面包切成小块，与更多人分享。

教导：动脑筋管好钱财，是自己的责任。

卓越：做金钱的好管家

三、故事时间（Story）

1. 洛克菲勒家的零花钱协议

石油大王洛克菲勒的儿子小洛克菲勒一向认为自己是父亲巨额家当的管理者而不是拥有者。他平生为公共事业捐献了5000多万美元，曾出资修缮凡尔赛宫，设立了阿卡迪亚和格兰德泰顿国家公园，捐赠地盘给联合国在纽约设立总部。他在1920年5月1日写给儿子小约翰的一封信中，列出了零用钱处理细则共14条，在此列举8条：

1.1　从5月1日起约翰的零用钱标准为：每周1美元50美分。

1.2　每周核对账目，假如使用得当，下周零用钱上浮10美分（最高零用钱不超过2美元）。

1.3　每周末核对账目，假如使用不得当，下周的零用钱下调10美分。

1.4　双方赞成每项支出都必须清楚、确切地被记录。

1.5　爸爸是零用钱水准调节的唯一评判人。

1.6　双方赞成至少20%的零用钱用于公益事业。

1.7　双方赞成至少20%的零用钱用于储蓄。

1.8　假若约翰需要购买零用钱应用范围以外的商品，必须征得爸妈或家庭教师的同意。

2. 潘石屹教子用钱约法三章

地产大亨潘石屹先生虽家财万贯，但他对孩子怎样用钱却有约法三章：能在家吃家常便饭，就不外出吃；每次进商店只能买一件玩具；过节只给一百元压岁钱。

潘石屹常带孩子参加慈善活动，第一次参加这样的活动时，大儿子惊讶地问："爸爸，我

们少吃一个冰淇淋，少买一样玩具，真的可以让山里的孩子多上一个月的学吗？"潘石屹没有急于回答，第二天带上两个孩子回了甘肃老家，让孩子体验贫困地区孩子的生活。回到城里后，潘石屹发现，两个孩子比过去更不乱花钱了。潘石屹在银行为孩子开了零花钱的户头，孩子们将钱攒下来，等到他们念大学时用来支付学费。可有次参加慈善活动，两个不到十岁的孩子居然分别捐献了两千多元。潘石屹事后问："你们把钱都拿出来了，以后哪有钱念大学？"孩子说："可是，那些山里的孩子现在连小学都念不了。"然后又紧张地问："爸爸，我们不会真的没钱念大学吧？"

四、情景时间（*Application*）

1. **小教导**：通过上述两个故事，我们学习到每个人都是金钱的管理者。零花钱不仅支付自己的需要，也要有公益之心，帮助贫困有需要的人。

2. **行动时间**

   2.1 你有记账的习惯吗？请学习记录每周的花费。

   2.2 与家长签订一个零花钱使用协议。

   2.3 你愿意拿出 10% 的零花钱，帮助那些贫困或有需要的人吗？

3. **英文学习**

   请把框中的动物单词，用颜色笔圈出来，其中昆虫类用绿色，哺乳类用红色，飞禽类用蓝色。

   借由此题，学习分类管理，并记住其中四个（任选）英文单词。

   我要记住的单词是：

H	O	J	H	B	N	M	A	S	D	F	G
J	A	S	D	F	G	L	I	O	N	A	G
K	I	K	B	E	A	R	V	C	X	I	R
L	B	U	T	T	E	R	F	L	Y	Z	A
Q	W	E	R	Y	T	U	P	A	Z	O	S
C	H	I	C	K	E	N	Y	D	I	P	S
A	L	Q	W	E	R	T	M	Y	P	M	H
T	R	D	U	C	K	I	O	B	L	N	O
Z	A	S	D	F	G	H	J	U	K	B	P
C	V	B	N	M	P	O	I	G	U	V	P
J	K	S	W	A	N	L	T	Y	Z	C	E
H	G	R	E	W	Q	F	D	S	A	X	R

butterfly 蝴蝶	bear 熊	duck 鸭子
chicken 鸡	swan 天鹅	cat 猫
ladybug 瓢虫	lion 狮子	grasshopper 蚱蜢

卓越：分类管理，做好管家。

五、每日一句：做好管家
Word of the day： Be a good steward

卓越第4课 *Excellence Lesson Four*

我有梦想 *I Have a Dream*

一、预备时间（*Prepare your heart*）

二、分享时间（*Sharing*）

请小组分享与讨论：

1. 你有梦想吗？你的梦想是什么？

2. 你觉得你的梦想要经过多少年来实现？（提示：不能无限长，要有时间性。）

3. 请将你的梦想变成数个五年计划，并列出每个五年的目标。例如20年后成为外科医生，第一个五年为小学，第二个五年上中学，第三个五年上医学院，接着，做实习医生……每个阶段你会达到什么目标？

4. 请试想自己在五年后的样子，即五年后自己会有哪些方面的成长？

   4.1 学习上的成长：＿＿＿＿＿＿＿＿＿＿＿＿＿＿。

   4.2 品格上的成长：＿＿＿＿＿＿＿＿＿＿＿＿＿＿。

   4.3 思想上的成长：＿＿＿＿＿＿＿＿＿＿＿＿＿＿。

   4.4 强项上的成长：＿＿＿＿＿＿＿＿＿＿＿＿＿＿。

   4.5 弱项上的成长：＿＿＿＿＿＿＿＿＿＿＿＿＿＿。

  卓越：有梦想，有目标，能够成长。

三、游戏时间（*Game*）

1. 小游戏：乐高比谁高？

  同样数量的乐高（积木），比比谁可以堆砌的最高最稳？没有乐高，可用积木代替。

  比赛的项目有二：一是谁堆得最高，二是稳固。若是小队比赛，对方可以选出气力最大的同学，吹对方的乐高塔或积木堆，看谁的容易倒下来。若是都很坚固，则改用吹风机来彼此对"吹"，看谁的先倒。更高更稳者为胜。

2. 小讨论：梦想比天高

  2.1 怎样的乐高塔（积木堆）比较稳固？（提示：下面搭得粗壮、坚固。）

  2.2 若是抽出一块乐高或积木，会否倒掉？

  2.3 你觉得每块乐高或积木指什么？

      （提示：可能是一项品格，一种技能等）

  2.4 若是将乐高塔（积木堆）比喻成梦想，请问达成梦想，需要什么条件？

      （提示：坚固的基础，每层都重要，等等。）

  2.5 你若可以重新搭一遍，你会怎样做？

  卓越：为实现梦想，打下扎实的基础。

1. 预估能力：请画出你认为的故事结局，并为整个图画涂色。

2. 讨论时间

很多人把热气球升起来，比喻梦想的实现。三个小朋友盼望周游世界，他们的愿望终于实现了。随着热气球飞呀飞，他们看到山川河流，觉得离太阳好近呀！他们的心情如此之快乐。"扑"，热气球裂出一个漏洞……

一个小漏洞，就使梦想飞不起来，请问你能想到哪些因素，就好比这个小漏洞，是使你自己的梦想热气球破掉而飞不起来的？还有，你现在的小漏洞有哪些？

3. 小教导：那个小漏洞，可能是计算的不精确，热气球用料不好，也可能是起飞前就发现的小问题，但没有引起注意，或是个小马虎……换句话说，可能是学业不精、技能不好，也可能是生命品质有瑕疵（品格问题），如坏习惯、坏脾气等等，总之，若想梦想飞起来，要留意生命中的小问题，并愿意持续成长。对于现在发现的问题，要及时修补，即把漏洞补上。

卓越：随时补"漏洞"，看重成长。

bank

tank

blank

thank

4. 英文学习：请连线，并书写单词。

Word of the day: I have a dream

卓越第5课 *Excellence Lesson Five*

生命的果实 *Fruit of Life*

一、预备时间 (*Prepare your heart*)

二、小项目 (*Project*)

1. 小项目：果子采摘日

   目的： 参与活动，借活动复习本课程所学，例如尽责、助人、用餐礼仪等。

   方式： 联系果园，预备水和帽子，集合出发；分工采摘，小组比赛；回来后，洗净装盘，水果餐练习（若是采摘南瓜、土豆，则需煮熟）；吃完后，打扫卫生，清洁餐具；分享活动心得，老师随时点评。

2. 讨论问题：果实是怎样形成的？

   卓越： 活出精彩人生，结出品格果子（生命的果实）。

三、教导时间 (*Teaching*)

1. 图画故事：谁在逆行？

王妈妈听路况报告说："现有一辆逆行车辆，行驶在……"她大惊失色，那正是王伯伯现在开的路上吗？王伯伯才刚考到驾照，第一天开车上路。王妈妈很担心，急忙拨通王伯伯的电话，切切嘱咐王伯伯要小心，有辆车逆行！谁知，电话那头的王伯伯喊道："什么一辆车逆行，所有的车都在逆行！"

请问： 你认为逆行的人是谁？

2. 生命的成长

每个人都有优点、缺点、特点和盲点。朋友之间要彼此接纳特点，特点不是缺点，例如毛毛比较直爽，快人快语，而丁丁则比较"内秀"，话语谨慎。但人人都需要改正盲点，盲点就是自己看不见，但别人都能看见的东西，例如王伯伯，他不知道自己是逆向行驶，却怪其他车辆都逆行。

生命的成长，就是发挥优点，接纳特点，改正缺点，突破盲点。

卓越的人，不仅改正缺点，也愿意听取别人的建议，突破盲点，就是那些自己不以为然，但别人却看得很清楚的问题。当一个个自己发现的缺点和别人劝诫的盲点突破、成长和改变之后，生命逐渐成熟，品格渐渐养成，就好像一棵树上硕果累累，结出很多生命的果子。本课程大大小小的品格点，就是那一粒粒成熟的生命果实。

卓越： 发挥优点，接纳特点，改正缺点，突破盲点。

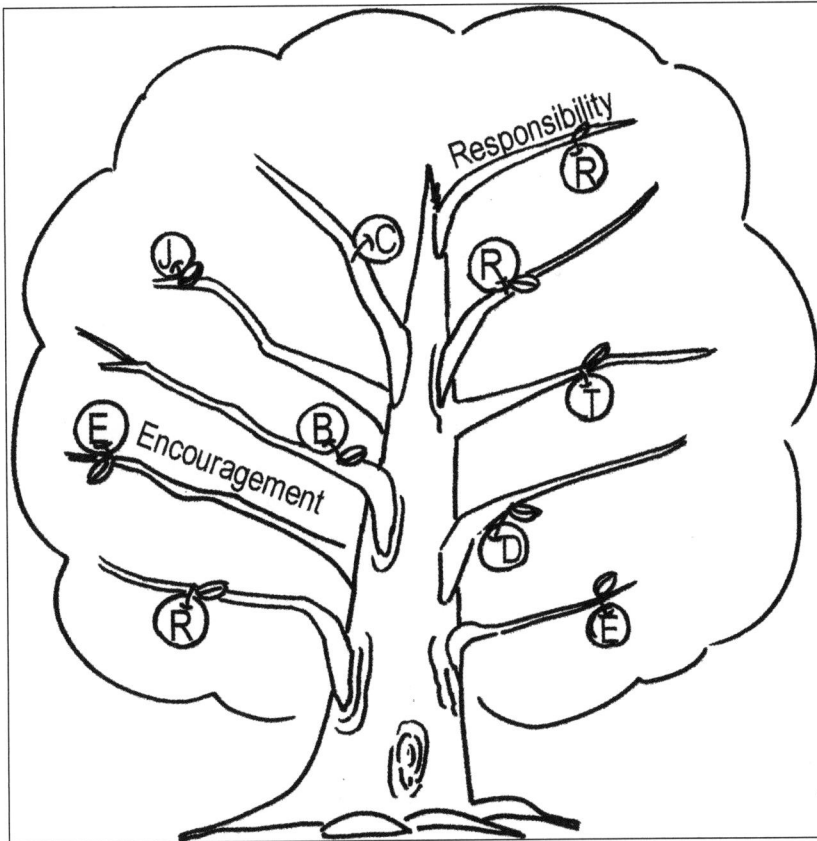

1. 卓越的心

卓越的心，在学业上专精；

卓越的心，善与人合作，取长补短；

卓越的心，立志做金钱的好管家；

卓越的心，有梦想和目标，愿意成长；

卓越的人，生命中结出美好的果实。

2. 生命的果实

2.1 果实上树：请在上图中填入藤架上果实的十个脉络，并为图画涂色。

2.2 字谜游戏：请将本课程的十大品格点，根据提示，填入右图的字谜游戏。并熟记这十个品格点的中文和英文。

Renewal 更新　　Respect 尊重
Encouragement 鼓励　　Responsibility 尽责
Big Heart 豁达　　Truth 真实
Joy 喜乐　　Discipline 自律
Care 关爱　　Excellence 卓越

五、每日一句：卓越的心，生命成长

Word of the day: Excellence bears good fruit

使用指南 User's Guide

一、课程架构介绍（*Course Structure*）

1. 品格点

1.1 课程主干为十个大的品格点，以及相关的数十个小品格点。

1.2 相关辅助读物为《用什么撑起孩子的未来》第二章，"藤架上的果子"中的十个脉络。

2. 课程内容

2.1 每个品格点由五节课组成，其中第五课包含小复习，对该品格点做一整理。

2.2 每节课由五个部分组成，包括预备时间、课程内容、课后作业，以及每日一句。

具体内容：音乐舞蹈、歌曲、图片、短片、游戏、讨论、教导、练习、创意绘图、情景时间、英文学习等。每日一句，包括一句中文警句和一句常用英文。

2.3 本册共有50课，建议分为50天使用，可以连续，也可间断（间断不超过十天）。每课建议使用时间为45分，课程内所画时刻为象征性，家长和老师可自行调整。

二、预备时间说明（*Preparation Time*）

1. 预备时间，通常为 5 ～ 10 分钟。

目的是使孩子的心安静下来，或称此段时间为预备心的时间。

2. 预备时间的方式

2.1 可使用音乐绕圈、歌曲时间、游戏时间、复习奖励、团队互动等。

2.2 8 ～ 10 岁的预备时间，主要以团队互动、音乐绕圈和歌舞为主。

2.3 具体上课或在家使用时，可以穿插或交换，目的是预备孩子的心，好开始上课。

3. 具体说明

3.1 团队互动

A. 8 ～ 10 岁，学习团队建设。

B. 上课前，请各小队呼喊队呼，彼此竞争，增加趣味性。

C. 上课中，讨论、回答问题，都可以团队方式进行。

为了鼓励每个孩子都勇于发言，老师提出问题后，可以请每组推荐人回答。团队建设培养孩子有团队意识，加强荣誉感，能公平竞争、正常分享。

D. 座位也可以按照团队入座，或按下图示意安排。

团队建设的五个步骤：

1. 组队：1-2-3 报数（报 1 的人为一队）。

2. 选对长：自我推荐或大家同时指的那个人。

3. 队长带领选队名：例如以水果系列分，如香蕉队、苹果队等，也可以任何系列为队名。

4. 选本队口号：××队，××队，××××－××。

5. 练习口号，队间比赛，形成团队。

E. 老师可以根据需要，一段时间后重新分组或组队。

F. 教室布局平面图

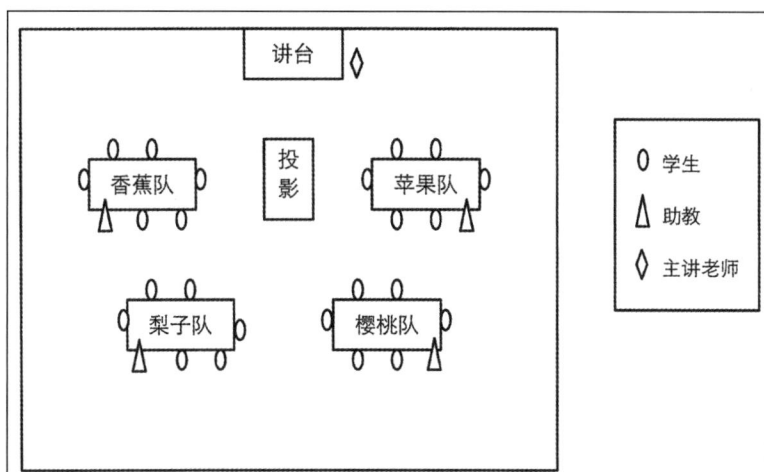

3.2 歌曲时间：

A. 选用中国、外国歌曲或歌谣，若是可以结合课程内容更好。

B. 多选可手脚并用、活泼的、肢体感强的，如网络上的音乐歌舞，边看边做。

C. 结束欢唱后，可集体安静一分钟，教孩子在音乐中安静，预备心准备上课。

3.3 游戏时间：

A. 可以是和上课内容相关的，直接进入讨论或分享主题。

B. 也可不相关，但不相关的游戏在于活跃气氛，短小精干。

C. 也可由大人表演短剧，演示实验。

3.4 复习奖励：

A. 每次上课之前，复习上课内容，也是一个很好的预备。

B. 把第五课的复习，提到前面。淡化考试压力，鼓励认真、有进步的孩子。

3.5 音乐绕圈：

A. 在地板上画线（方）或贴胶带；

B. 孩子随音乐节奏，沿着画线走；

C. 课堂：排队、绕圈、跟随音乐节奏，走出变化
步伐或配合相应手势；

D. 家庭：家长也随音乐动起来；

E. 变化节奏，加深对音乐的理解；

F. 结合肢体运动、释放能量；

G. 音乐中，配合想象，喜乐成长；

H. 形成神圣的游戏圈，安静下来，预备心上课。

三、课程内容指引（Course Content Guide）

品格不是道理，重点是形成内在素养，练就生活技能，也就是本课程很强调的品格力。换句话说，本课程的目的，不是使孩子多懂了一些道理，而是使孩子能够形成好的思想、态度、习惯，练就各种健康生活所必备的能力。

品格培育，应该是一种能力教育、素质教育。

与 6 ~ 8 岁的课程一样，8 ~ 10 岁的课程共 10 章，包含十个大品格点，每个大品格点下包含数个小品格点。若是没有用过 6 ~ 8 岁教材的家长或老师，在授课中，可以参考 6 ~ 8 岁的内容。8 ~ 10 岁的孩子，

应该被正面教育成长的观点，"要成长"应该是孩子刻意在意的品格点。因此，什么是生命成长，结合突破，怎样成长，是 8～10 岁这一册的特色。

下面列出每课的小品格点、教学目标，以及对家长和老师的爱心提醒，以期帮助大家把本书用好。

第一章　更新

所有的成长，都是从思想的更新开始。除了在课件中列出了有关更新的十几种定义外，更新的小品格点包含：成长、创意、自省、学习力、不固执（接纳意见）、生命成熟（果实丰满），目的是培育出思维活跃、有创新意识、主动成长的孩子。

1. 课程目的

第1课　掌握什么是成长，什么是品格？通过蝴蝶的一生，明白成长是自己的事，是需要付出努力和代价的；通过毛毛虫变蝴蝶，果实满满的比喻，使孩子明白成熟生命的魅力和美丽；从第一堂品格课，立志重新开始，做一个成长的人；大概了解本课程的十个品格点。

第2课　创意是每个人都该具有的能力；通过"帽子节"游戏，激发创新能力，培育孩子换角度思考问题的能力；老师或家长可以根据情况，自行增加创意节目和练习。

第3课　能够反思自己的行为，培育思考能力；提升学习力：正面学习，反向学习，主动学习，从失败中学习等。其中，第一反应指的是当事情发生时，一个人习惯性的反应。而第二反应，则是指这个人安静下来思考后，用好品格去面对事情所做出的反应。

第4课　思想更新：放下旧的，放下固执，接受新思维。"打开"耳朵，能够听进别人的劝诫；不惧批评，正面吸收，有抗压性。

第5课　羡慕成长，期待"结果子"；小复习，总结本章所学；开始品格课的学习，看自己为一个"成长中"的人。

2. 爱心提醒

培育孩子主动思考，积极创新，有反省的习惯，这些对于孩子的成长是至关重要的。没有人可以对一个不思改变、负面被动的人做什么，更谈不上发挥其价值属性，生活得幸福有影响力。孩子越小，越要使其多阅读、勤思考、有创意。帮助孩子思想更新是成长的关键。

第二章　鼓励

鼓励是话语的脉络（藤架上的果子），是爱的体现。小的品格点包括有自信、自我鼓励、支持、不放弃、微笑行动等。旨在改变孩子的不良说话习惯，如挑剔、谩骂等，培养其自信心，看重好品格，可以在逆境和日常生活中，自我鼓励，面带微笑，不轻易放弃。

1. 课程目的

第1课　通过多个故事（女歌手、唐女士、奥巴马等）分享，愿意"相信自己"；开始英文字母的学习，使用短片即可。

第2课　学习鼓励的不同方式；品格成长：看重过程，过于结果，愿意赢得友谊；练习描述图画，区分图画内容与自我感受。

第3课　熟练掌握"好品格，静悄悄"的彼此回应方式；在游戏中，体验被鼓励的滋味，从而有力量鼓励别人；学习彼此鼓励；品格成长：明白具有好品格是光荣的，改变话语的坏习惯，确定成长目标。

第4课　学习自我鼓励的三种方式，能够私下里鼓励自己，自我激励；不放弃：遇到挫折、困难，坚持不懈，树立自信心。

第5课　学习"换位思考"，用爱心对待新同学，主动鼓励他人；小复习，并学习在生活中微笑（打招呼、一早起来、有负面情绪时等）。

2. 爱心提醒

看图说话的技巧——藉此训练观察力、表达力、逻辑思维能力

● 分清"看见的"和"我觉得"：

★ 就是分清事实和感受，帮助孩子有一说一，有二说二。

- 表达顺序：
  ★ 先叙述事实，看见画面的状态，再表达我认为此图说明了什么。

  ★ 先描述大的轮廓，例如图片里有几个人，再描述细节，最后是感受。
- 注意用词准确和公平。必要时，加上对的示范。
- 先请大家看图30秒，然后鼓励同学举手发言。
- 发言完，可以给回馈，但都可以请大家为他／她的勇敢分享鼓励加油。
- 若是结合团队互动，可鼓励小组推荐人回答，同时学习为本小组的人表达支持和鼓励。
- 这项也可以训练孩子的情绪调整能力，培育自信心。

第三章　豁达

豁达是心态的层面，小的品格点包括不嫉妒、不排斥、愿意祝贺、分享（尊荣、关注、关爱、友谊）、慷慨给予、感恩利他、饶恕祝福等。豁达的心，就是感恩、祝福的心。帮助孩子们遇到事情，愿意调整心态，豁达以待。

1. 课程目的

第1课 了解豁达的含义，明白嫉妒、排斥等只能破坏关系，不能使人成长；豁达在成功时的应用：
别人成功时，还有自己得奖后；认识到心胸宽大，自己的祝福也会多；明白自己是有价值的。

第2课 通过手工，明白情绪是可以"翻转的"；有分享意识，明白豁达是可以分享，包括分享关注、友谊和关爱等；帮助孩子脱离自私和过多的自我关注，明白自己是团体（家庭）中的一员。

第3课 有一种祝福，是经由"给予"得来的，帮助孩子脱离只想一味地"给我"；从小就有慷慨的美德，同时教育他／她什么是正确的慷慨。

第4课 学习感恩的含义和方式，练习手语歌《感恩的心》；有感恩行动，可以在言行中表现出来；帮助孩子脱离自我中心，特别是极其关注自己的生日，学习感恩父母。

第5课 借着生活中的冲突，使孩子有化解冲突的能力；再次练习道歉，培育道歉和沟通的能力；小复习，豁达的人可以分享，引发学生思考：在哪些方面分享，分享什么？

2. 爱心提醒

2.1　豁达表现在不自私，可以看到他人的需要。例如，你的孩子对家人的态度可能是"父母的存在是为了满足我的需求"，而不是"他人的需要和我的需要一样重要"。

2.2　家长不要一味希望孩子成绩好，要成功，同时也要留意孩子的态度，成熟与成功同样重要。豁达是健康的心态，允许别人得奖，也允许自己失败，重点是持续成长。

2.3　慷慨的目的，不是换取祝福，而是可以因此享受由无私的慷慨所带来的祝福，可能是物质上的供应，可能是心灵上的升华，也可能是树立了正确的价值观，脱离了自我中心。错误的慷慨，可能仅是为了面子，或是出于一时的激动，或是源于没有智慧。

要教育孩子对流浪汉、乞讨者有正确的慷慨之法。首先肯定其慷慨之心是美的，但要有智慧。例如，不一定给钱财（例如，流浪汉可能拿着给的钱买酒喝，我们的慷慨反而帮助其酗酒等），可以给食物或购买食物的代金券等。

第四章　喜乐

喜乐是天性，是孩子情绪的健康流露。帮助孩子认识到有情绪是正常的，但要愿意成长为情绪的主人，即主动管理好自己的情绪。本章包括的小品格点有：快乐是个选择，不要忧虑，情绪识别，情绪认知等，培育孩子具有"凡事都往好处想"的习惯，成长为一个喜乐的人，生命中结出喜乐的果子。

1. 课程目的

第1课 通过儿童歌舞，激发孩子"向快乐出发"的决心；喜乐的根源是被爱、被接纳。课程进行时，用话语／拥抱使孩子感到被爱；快乐是个选择：不开心也是过一天，开心也是过一天。帮助孩子不纠结于别人的行为、态度、话语、看法，可以"放下"，欢喜快乐。

第2课 通过"担心罐"游戏，梳理孩子的情绪，给予正面的支持；战胜担心：掌握一些处理担心的方法，培育健康的反应。

第3课　情绪觉察：通过身体反应和面部表情，了解自己的反应，认知典型的情绪；承认是进步的开始，有负面情绪不丢人，但不成长才丢人。

第4课　通过"快乐拥抱"游戏，增加喜乐感，激发学生愿意管理情绪的心。明白坏情绪对友谊、身体和关系的破坏力，愿意开始学习管理情绪的能力。掌握四种典型情绪的管理方法：担心、怒气、伤心和紧张。

第5课　通过游戏复习情绪管理的方法；练习"凡事都往好处想"，成为一个喜乐的人。

2. 爱心提醒

在喜乐中，孩子容易发挥创造力，也容易活在正面思想中。家长、老师要刻意保持家庭气氛和课堂气氛在轻松喜乐的里面。喜乐是生命、身体健康的重要保障。

第五章　关爱

关爱是孩子必须具备的人际能力。爱父母、助友人应该成为孩子生活的常态。本章小的品格点包括动机、舍己、奉献、同理、怜悯、包容、勇敢、忍耐等。关爱包含体会、回应、有行动和正确表达，帮助孩子情绪稳定，情感丰富。

1. 课程目的

第1课　明白关爱的内涵，除了话语的安慰，也需要实际行动；通过"老鹰抓小鸡"的游戏，体会鸡妈妈无私的爱；开始"蛋宝宝"项目，学习关爱，为期一周。

第2课　通过游戏，体会盲人的不容易，激发怜悯残疾人之心；学习同理心回应，听清内容＋体会（对方的）心情＋正确表达；通过"秘密小天使"的游戏，学习留意观察，同时明白爱是不要求回报的。

第3课　学习"爱的真谛"歌曲，认识爱的诸多方面；培育对人的有包容之心，允许别人犯错误；同学相处，要彼此接纳，彼此鼓励。

第4课　价值观：爱才是力量和勇敢的源泉；讨论：什么是真正的勇敢？不会就学、不怕困难、坚持有爱等才是真正的勇敢；勇敢的人，敢于表达爱。通过"触摸盒"游戏，向爸爸和他人表达关爱。

第5课　总结"蛋宝宝"项目，体会父母忍耐的爱；愿意在忍耐上成长；小复习，爱的真谛，帮助孩子在关爱上成长。

2. 爱的提醒

有智慧的父母，教育孩子首先爱家人，其次，把朋友当家人，爱人如己。关爱的能力，是衡量一个孩子成熟的标志之一，健康的孩子心中一定有别人，也可以体会别人的需要。

在关爱的培养中，也要注意不能走极端。若是一个孩子总是想着去照顾别人，从来不懂得照顾自己，满足自己的需要，将来也会造成这个孩子只能给予、无法接受的情况。

第六章　尊重

尊重是最直观展现素养的品格点，也是现代小孩子极需具备的美德之一。小的品格点包括黄金法则、自尊自爱、尊敬老师、接纳自己、尊重异性、爱护身体、善于沟通、勇于道歉、配合、公平、正直、谦和等。

1. 课程目的

第1课　黄金法则：你希望别人怎样待你，你就要怎样待别人；处理孩子中间彼此起外号，叫外号的问题，明白看重内心的重要；借助游戏，学习配合别人，按着别人的习惯和方式行事。

第2课　明白"我是尊贵的"，有自尊意识，尊重自己的性别和特点；帮助孩子尊重自己的身体、尊重异性，有意识保护自己的身体部位。

第3课　学习沟通的秘诀：尊重所有权、话语温和有礼、多听少批评、愿意道歉；掌握正确的道歉：除了说对不起，还要说出原因。

第4课　有公平原则，同学之间彼此平等，不迁怒、不辱人、不轻看人；对服务我们的同学和他人，心里尊敬、口里感谢、态度礼貌。

第5课　内心谦和的人，才能真正尊重别人；有团队精神，礼让、配合、顺从，看重合一，有谦和的心；小复习，愿意成长为一个温和有礼、配合尊重的人。

2.爱心提醒

　　在一个充满竞争的环境中，愿意培养孩子有温和的性情是大智慧。正如"将相和"短片所描述的，谦和的人，不是懦弱之人，也不是惧怕（恶势力），而是学会尊重，能够以善胜恶。

　　公平公正是人的行事法则，利用换位思考，比较容易提醒孩子懂得尊重。而从小就学会一些沟通技巧，则使孩子容易保持和谐的朋友关系。

第七章　尽责

　　尽责是孩子必须具备的品格，也是孩子将来工作和生活必须要面对的能力。小的品格点包括因果律、好习惯、做好分内的、专心、认真、持续做完一件事、守承诺等。

1.课程目的

第1课　帮助孩子去除懒惰之心，在家成为好帮手；孝敬父母、服务长辈是美德；看重小事情，培育做事情周全、细致、准确的习惯。

第2课　愿意承担任务，并乐于负责；使孩子有主人翁的思想和意识，管好自己的思想、物品和卫生；不推卸责任，不找借口，愿意有担当。

第3课　学习专心于一件事；发现自己的不足后，总结经验教训，愿意在此成长是自己的责任。

第4课　分清责任，帮助孩子不要过早背负不属于自己的责任；鼓励孩子觉得自己不够好，或觉得没有尽责时，多和父母、老师沟通；爱护环境也是我的责任（提醒：这个叫社会责任）；教导一个原则：我到过的地方，应该比我来之前更干净。

第5课　可以持续做完一件事，训练耐性，能够克服困难；小复习，对常常马虎和忘事的同学，提出多练习的要求，并鼓励其在此成长。

2.爱心提醒

　　每一种行为，都会产生一定的后果，种什么就收什么，父母要逐渐脱离怒骂责罚的单一管教方式，学习用"后果"管理规范孩子的行为。通过孩子自己在处理后果时的思考，帮助其成长。例如，三胖的故事提醒妈妈们：不要为孩子做尽一切，使孩子失去学会为自己负责的机会。爱孩子，就要让他尽早学会尽责。心疼他，甚至骂他一顿，都没有他自己去面对时学得快！这一点，里根的父亲处理的比较有智慧。

　　界限，也是在教导尽责时，需要留意的。一方面，留意不要让孩子过早背负不属于自己的担子(例如，要求其照顾年幼的弟妹，这种压力带到成年，会使其有难以承受的沉重感，造成其过于担责、诸事揽责的习惯)，另一方面，面对事实或过失，要能够坦诚："这是我的责任。"（避免怕伤孩子的自尊心，就将其错误说成小事情，或大人自己揽过来的局面发生。这样的结果，会造成孩子喜欢推卸责任，有"事不关己"的习惯。）

第八章　真实

　　真实的人有朋友，容易营造好的生活品质和健康的人际关系。领导力有技巧，但个人素养是核心。本章包含的小品格点有：尊重事实、爱真理、真诚、面质（面对质询）、守信、不说反话（大话、谎话、空话）、敢于面对、愿意成长、有智慧等。

1.课程目的

第1课　教导做决定(选择)的重要标准是——真实；明白谎言的陷阱，真实认错是打破谎言魔咒的良方；不说大话、吹牛、空话，有实事求是的心，朴实做人。

第2课　学习赢得友谊的秘诀：诚实面对、不说反话、坦诚沟通；使用黄金法则思考，学习打开心沟通（说真话）。

第3课　看重（记住）自己说出去的话，学习守信用；通过案例分析，学习遇到不同情况，怎样在真实中处理"爽约"；真实的人，能够战胜自己（的害怕），明白最大的挑战不是别人，是自己。

第4课　品格成长：不是遇到问题，轻易说算了，而是面对问题，在该问题上成长；真实的人，有不满就说出来或是自我反思，不能故意捣乱或搞破坏；学习如何看出需要成长的部分，并据此设立成长目标。

第5课　明白智慧的重要,诚实需要智慧,例如面对危险时;真实是有智慧的诚实,结合所处的具体情况,
　　　　活学活用;小复习,不说不利于和睦的话,不闲言闲语,不搬弄是非。

2. 爱心提醒

2.1　真实是有智慧的诚实,诚实需要智慧的帮助。家长／老师要带领孩子,总结一些情况,并根据具
　　　体情况,随时调整。要告诉孩子,这不是说谎,而是有智慧。

　　　　例如,有人接放学,要问清楚对方,或者事先设定好接送"暗语";陌生人问家里的情况,
　　　不能如实回答,可以说"你问我妈妈吧""不告诉你";可以骗坏人,不为坏人守密;不搬弄是非,
　　　要多说令双方都和睦的话;讲话时,不仅讲出自己的感受,还要说出事情的真实过程;不说别人
　　　的秘密,不闲言闲语。

2.2　从"曾子杀猪"所得到的启示:父母要诚信,言出必行。

　　　　曾子,是孔子的学生,他博学多才,且十分注重修身养性,德行高尚。一次,他的妻子要到
　　　集市上办事,年幼的孩子吵着要去。曾子的妻子不愿带孩子去,便对他说:"你在家好好玩,等
　　　妈妈回来,将家里的猪杀了煮肉给你吃。"孩子听了,非常高兴,不再吵着要去集市了。这话本
　　　是哄孩子的,过后妻子便忘了。不料,曾子却真的把家里的猪杀了。妻子看到了,就说:"我是
　　　为了让孩子安心地在家里等着,才这么说的,你怎么能当真呢?"曾子说:"孩子是不能欺骗的。
　　　孩子年纪小,不懂世事,只能学习别人的样子,尤其是以父母作为生活的榜样。今天你欺骗了孩
　　　子,玷污了他的心灵,明天孩子就会欺骗你、欺骗别人;今天你在孩子面前言而无信,明天孩子
　　　就会不再信任你,你看这危害有多大呀。"曾子深深懂得,诚实守信,说话算话是做人的基本准则,
　　　若失言不杀猪,那么家中的猪保住了,但却在一个纯洁的孩子的心灵上留下不可磨灭的阴影。

第九章　自律

　　　好习惯要从小养成。自律所包含的小品格点有:规律作息、时间观念、勤奋、勤于动脑、顺从、约束心(节
制)、礼仪、情绪管理、有原则等。帮助孩子不懒散、不拖拉、不自私,学会在对的时间做对的事情,
有好的礼仪,能主动约束自己的心和行为,是本章的重点。

1. 课程目的

第1课　通过案例分析,教导孩子智慧地生活。在对的时间做对的事情;有时间观念,培养良好的作
　　　　息习惯。

第2课　激发勤奋的心志,明白懒惰人一事无成;动手也动脑,手勤脑也勤,凡事愿意"琢磨"。

第3课　在爱里顺从,且听到命令,立刻有反应;明白顺从的人有祝福,顺从的秘诀是约束自己的心。

第4课　培育孩子看重礼仪,愿做文明人的心;用餐礼仪的练习,使孩子培养用餐好习惯;明白公众
　　　　礼仪的重要,外面的礼仪就是内心所"盛装"的品格的外在表现。

第5课　品格:人前人后一个样,家里、外面一个样。自律的人有原则,心中有一个"主人"(价值观),
　　　　自动地约束自己的一言一行。

第十章　卓越

　　　卓越不是单纯地指孩子要"表现好""考第一"。卓越的品格特指要孩子有上进心,尽全力、动脑
筋、有成长性。在生活中,卓越所包含的内容超过成绩优秀,其所涉及的品格点有:学业专精、挖掘特长、
正面眼光、取长补短、管理能力、有梦想、善于成长等。卓越的品格也是前面九章各种品格力的综合体现。

1. 课程目的

第1课　培育孩子能吃苦、找窍门,有熟能生巧的本领;学习经验分享,帮助孩子首先能把功课学好,
　　　　在学业上专精;避免孩子学习分心(如追星族、网吧、个人爱好),有排列优先次序的能力。

第2课　价值感:帮助孩子找出自己的特长,增加价值感;不仅挖掘自己的强项,也能看出别人也有特长,
　　　　特别是看出别人的好品格;了解自己和别人的强项和弱项,学习取长补短,与人合作。

第3课　好管家:管理好自己的零花钱;借着故事和讨论,激发公益之心。

第4课 培育孩子成为一个有梦想的人，同时不仅筑梦，也是逐梦之人；案例分析：哪些因素导致梦想无法"飞"起来？明白品格的重要性。

第5课 "果子采摘日"综合复习之前学的品格点；明白每个人都有优点、缺点、特点和盲点，并愿意在缺点和盲点上成长；小复习，记住十个大品格点的中文名字，学习英文名字。好品格的养成是需要年日的，生命的成长是一生的。

2. 爱心提醒

卓越不是单纯指"优秀"，要教育孩子；只要尽力了，就是最好的。家长应从"考第一"的模式里走出来，避免唯成绩论。不是仅看结果，也要强调过程。

附：外国孩子怎么用零用钱

美国——从零花钱中学理财

美国人普遍认为孩子手中有些零花钱并不是坏事，关键是要教育、引导他们正确地支配和使用手中的钱，从小树立正确的消费观。每个孩子都可以通过帮助父母或家人做事挣些零花钱。得报酬大多出于以下三种考虑：一是遵守按劳付酬的原则；二是让孩子有一定的钱可以购买他们喜欢的零食和必要的学习用品；三是让孩子得到一些实际的劳动锻炼。"不劳动者不得食"，迫使孩子从小摒弃"不劳而获"的依赖思想，树立"靠自己的双手吃饭"的观念。

日本——自力更生

日本重视家庭教育，主张孩子自力更生，不随便向别人借钱，还主张让孩子管理自己的零用钱。日本人教育孩子有一句名言："除了阳光和空气是大自然赐予的，其他一切都要通过劳动获得。"在日本，让孩子学会赚钱、花钱、存钱、与人分享钱财、借钱和让钱增值为主要内容的理财教育，已经融入少年儿童的整个教育之中，使孩子生活在一种具有强烈理财意识的环境氛围之中，逐渐形成善于理财的品质和能力。

英国——储蓄理财是必修课

在英国父母的观念里，让孩子们感受金钱的来之不易，远比让他们理所当然地享受家长的给予来得重要。英国人的理财教育方针是提倡理性消费，鼓励精打细算，有1/3的英国儿童将他们的零用钱和打工收入存入银行或其他金融机构。许多英国儿童从5岁开始就要接受理财教育，7岁到11岁的学生要学习管理自己的钱，认识到储蓄对于满足未来需求的作用，学习如何管理银行和储蓄账户，如何做预算。

以色列——重视智慧与责任

在以色列家庭教育中，关于钱的教育有以下几大基本原则：首先是每个人都有明确的物权概念，要保护自己的财产，同时要尊重别人的财产，损害要赔偿，侵占要付出代价；第二，对于钱或者个人财产要知道珍惜，不可以浪费，以色列人讲究节俭，基本生活能得到保障就可以了。以色列人的理财教育中最为重要的是关于钱的核心理念，那就是责任。孩子知道钱是怎么来的，也就更进一步地知道了节俭。不光要节俭，还要懂得付出。

德国——让孩子搞储蓄竞赛

绝大多数德国家长认为，给孩子零花钱是必要的：第一，通过用零花钱，孩子可以对交易形成基本的认识；第二，孩子可以学会拿主意，因为零花钱是有限的，而想要的东西很多，孩子从取舍中学会思考，变得有主见；第三，孩子能学会制订计划。德国家长们通常定期守时地把零花钱交给孩子，既给孩子一种"守信用"的印象，又方便孩子安排理财计划。无论孩子是否听话乖巧，都有权得到零花钱，家长并不把零花钱当作奖惩手段。家长们基本上让孩子自主决定怎么花钱，但有一个前提，就是所买的东西必须是安全的、健康的。

加拿大——"有偿服务""财不苟得"

16岁以下的孩子，在家里通过帮父母干家务活换取零花钱，一些家长甚至会把各种家务或表现"明码标价"。通常孩子身上的零花钱不会很多，低年级学生一般只有几个硬币，这主要不是怕他们乱花，而是避免加拿大学校两大"公害"——校园帮派、校园霸凌的影响，钱带得太多，容易被"坏孩子"盯上。

维护课堂秩序的秘诀

游戏：使用"神圣的游戏圈"（见预备时间）

——训练孩子明白尊重、关爱、尽责这些品格，都是进入游戏（与人交往）的先决条件。

- 智慧地告知孩子"界限与后果"：认真完成音乐绕圈的，可以游戏，否则，只能观看。
- 确保说到做到。不必动怒或是训斥，不听话者，不能进入游戏圈，改正后，马上加入。
- 讲解规则清楚，处理时情绪平稳、坚定、简短，最好面带微笑。

老师与学生互动：老师呼喊"好品格"，同学齐声回应"静悄悄"，并且三个字，一个比一个声音小，直到完全安静下来。

借助小队长的配合：团队建设选出的小队长，有责任帮助老师维持秩序；若是小队长带头捣乱，要想办法更换，或选出能配合的副队长。

激励手段：如小奖品、贴纸、小红花等。

四、作业与讨论答案（Answers）

更新

更新第 1 课

内在品格是如何成长的？

<u>固执</u> 成长为 <u>更新</u>，	讽刺——（鼓励）
怨恨——（豁达）	（忧愁）——喜乐
自私——（关爱）	轻视——（尊重）
（马虎）——尽责	（说谎）——真实

随便——（自律）　　　　　放弃——（卓越）

请根据成长之路，总结出本课程教导的十个品格点。

更新、鼓励、豁达、喜乐、关爱、尊重、尽责、真实、自律、卓越

更新第 2 课

讨论时间：曾子每晚睡觉前，自我反思的三个内容是什么？

1.帮别人办事是否尽心尽力了？　2.与朋友交往是否讲信用了？　3.老师传授的学业是否温习了？

更新第 5 课

2.填充题：

1 固执　2 劝诫　3 长大　4 自我反省　5 旧　6 突破　7 品格修养　8 点子　9 思考方式　10 新

更新表现为一个人能够持续成长，其过程包括了生产、__3__、__6__和改变等步骤。

更新的人能够__4__。曾子常自我反省，注重__7__，我们也要有这种精神。

更新使大脑常有创意__8__，表现在可以换一种__9__。

更新就是一种放弃__5__的思想，"换上"__10__的思想，就好像换了帽子一样。

更新表现在不__1__己见，愿意接纳意见，听进别人的__2__。

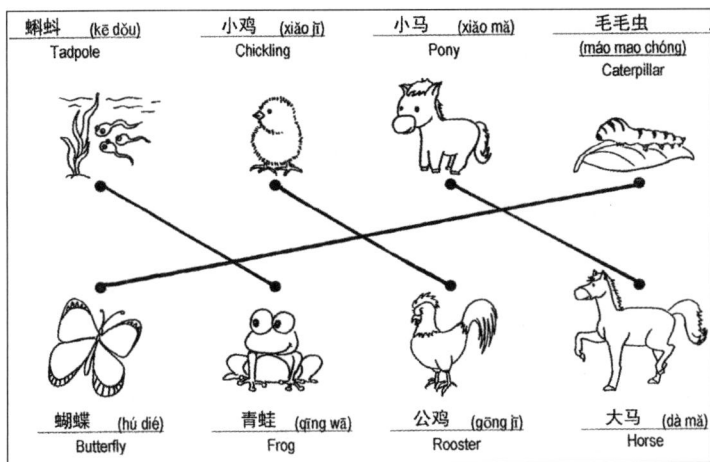

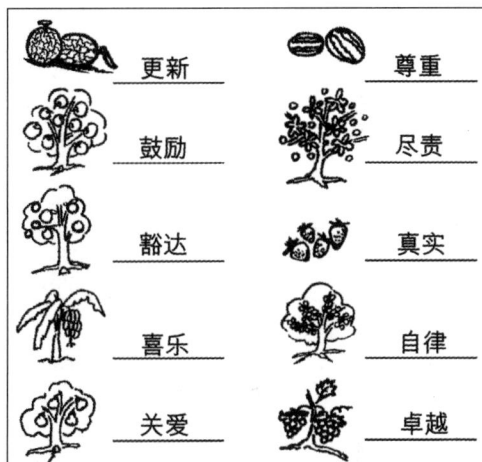

鼓励

鼓励第 1 课

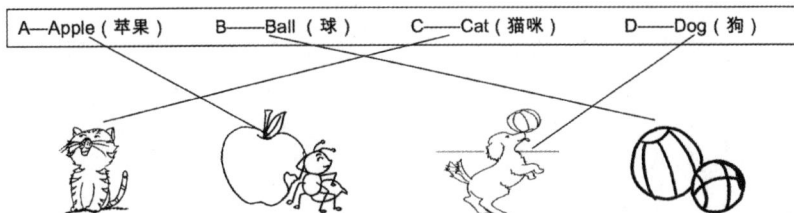

鼓励第 2 课

请根据下面四种情景，说出你想怎样鼓励图画中的人物（提示：可采用不同的方式）

在外打工的爸爸回到家里

1.话语上："爸爸辛苦了"

2.行动上：擦汗、通知家人等

3.肢体语言：拥抱等

4卡片：父亲节写卡片

忙着做饭的妈妈

1.话语上："妈妈我爱你"

2.行动上：捶背、扫地

3.肢体语言：拥抱、亲吻

4.当着大家，称赞妈妈的饭菜香。

看见认真上课的老师
1. 话语上："老师辛苦了"
　　"你是我最棒的老师"
2. 行动上：擦黑板、认真听

考试前很紧张的同学
1. 话语上："别担心，你能行！"
2. 行动上：陪伴，鼓励他问老师
3. 肢体语言：轻拍他的肩膀，微笑等。

E——Elephant（大象）　F——Fish（鱼）　G——Gorilla（猩猩）　H——Hat（帽子）

鼓励第 4 课

I——Igloo（雪屋）　J——Juice（果汁）　K——Kangaroo（袋鼠）　L——Lion（狮子）

鼓励第 5 课

M——Monkey（猴子）　N——No（不）　O——Octopus（章鱼）　P——Pig（猪）

B——Boy（男孩）　E——Egg（鸡蛋）　F——Fly（飞起来）　G——Good（好的）

H——Hair（头发）　I——I（我）　J——Joy（喜乐）　K——Kite（风筝）

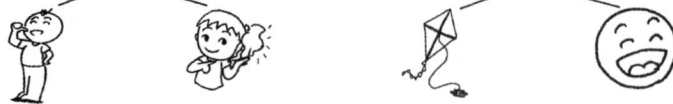

豁达
豁达第 1 课

Q——Question（问题）　R——Ring（戒指）　S——Sun（太阳）　T——Train（火车）

豁达第 3 课

U——Umbrella（伞）   V——Van（商务车）   W——Watch（表）   X——Box（盒子）

豁达第 4 课

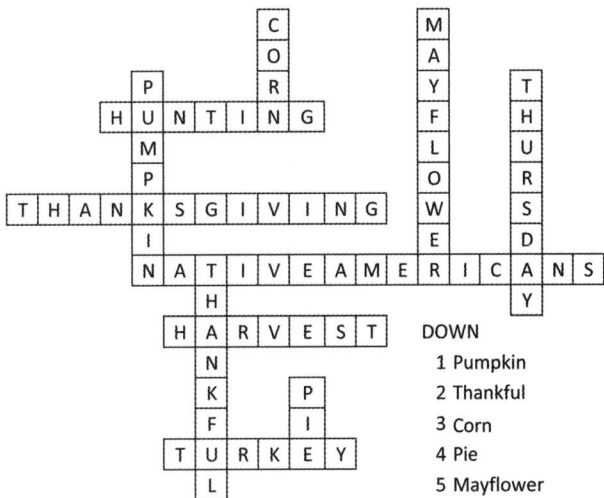

ACROSS

7 Hunting   10 Harvest

8 Thanksgiving   11 Turkey

9 Native Americans

DOWN

1 Pumpkin

2 Thankful

3 Corn

4 Pie

5 Mayflower

6 Thursday

豁达第 5 课

1. 请填空

| 1 感恩 | 2 祝福 | 3 嫉妒 | 4 友谊 | 5 慷慨 |

豁达的人，不 嫉妒3 、不排斥，能够祝贺别人取得成功，同时也愿意分享自己所得的尊荣。

豁达的人，不自私，有一颗 感恩1 的心。不仅看到自己的需要，也看到别人的需要。

豁达的人有 慷慨5 之心，愿意给予，能够分享 友谊4 、分享关注、分享爱和自己的物品。

豁达的人，能够道歉，愿意成长。豁达从 祝福2 开始。

Y——Yellow（黄色）   Z——Zoo（动物园）

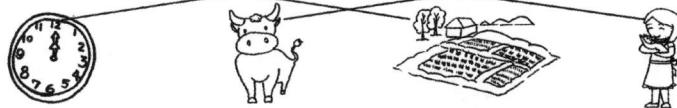

L——Land（土地）   M——Mom（妈妈）   N——Noon（中午）   O——Ox（牛）

P——Peanut（花生） Q——Queen（女王）   R——Rainbow(彩虹)   S——Snake(蛇)

喜乐

喜乐第 1 课

2. 请描图，并思考

2.1　丁丁为何不快乐？他不喜欢自己，常因为别人的话语和行为而苦恼。

2.2　你怎样看王老师的话："快乐是个选择"？

　　喜乐是属于自己的，自己有责任。不应该受别人的影响。

喜乐第 2 课

2　Fish	4　Kangaroo	3　Monkey
5　Zebra	3　Gorilla	5　Train
1　Ball	5　Pig	2　Lion
4　Snake	2　Elephant	1　Dog
3　Queen	1　Apple	4　Octopus

喜乐第 3 课

填空答案：震惊、生气、伤心、满意、害怕、害羞、兴奋、担心、喜乐

喜乐第 5 课

如果你遇到以下情况，怎样可以做到"凡事都往好处想"？

2.1　妈妈给了你 20 元零花钱，你突然发现钱丢了。

　　例如：花钱买一个教训，下次我要更小心；既然丢掉金钱，就不能再丢掉喜乐和健康。

2.2　上课回答问题，觉得自己没有回答好。

　　例如：虽然没有答好，但我很高兴自己尝试了；这次虽没答好，但还有下一次。

Run	Walk	Jump	Turn

关爱

关爱第 1 课

小讨论

2.1　你觉得鸡妈妈对小鸡的保护，是一种什么样的爱？

　　母爱、父爱：无私、忘我、舍己

2.2　这样的爱，有什么特点？

　　无私、忘我、舍己，不管自己的危险，忘了自己的辛苦，奋力（尽全力）保护，心里挂念每一只小鸡的安全。还有，这样的爱，是白白付出的，不讲回报，是无私的。

2.3　如果你做"鸡妈妈"，是否也可保护好"鸡宝宝"？

　　愿意尝试，体验父母关爱的心。

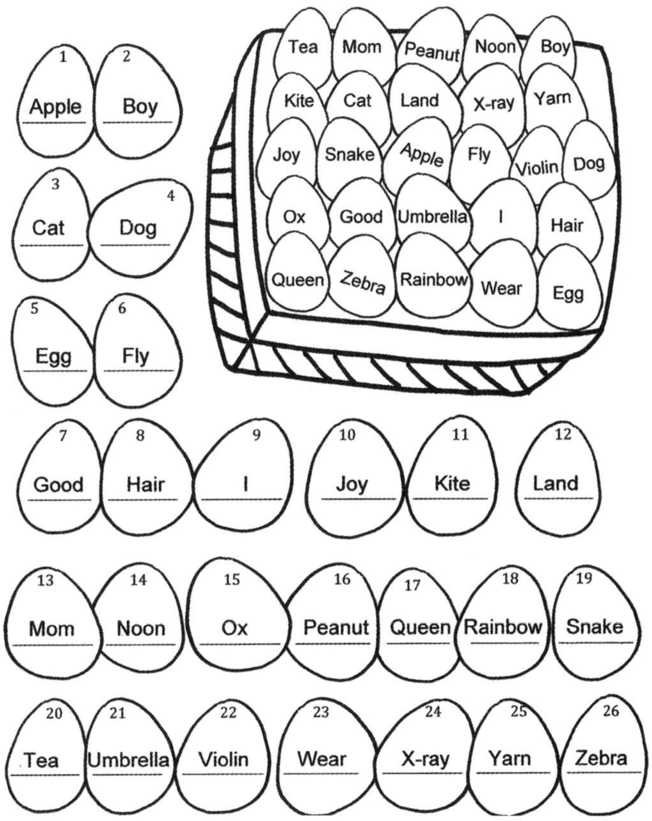
Tea Mom Peanut Noon Boy
Kite Cat Land X-ray Yarn
Joy Snake Apple Fly Violin Dog
Ox Good Umbrella I Hair
Queen Zebra Rainbow Wear Egg
1 Apple
2 Boy
3 Cat
4 Dog
5 Egg
6 Fly
7 Good
8 Hair
9 I
10 Joy
11 Kite
12 Land
13 Mom
14 Noon
15 Ox
16 Peanut
17 Queen
18 Rainbow
19 Snake
20 Tea
21 Umbrella
22 Violin
23 Wear
24 X-ray
25 Yarn
26 Zebra

关爱第 4 课

小讨论

2.1 请问，铁人三项（Triathlon）的内容是什么？

Triathlon 铁人三项：750 米游泳，20 公里自行车，5 公里跑步。

2.2 从哪些方面可以看出迪克是勇敢的？

爱里有力量：因着爱，父亲迪克不怕羞耻，可以面对困难；不怕辛苦，自己养育里克，并且努力使他为自己的人生感到自豪；为了儿子，愿意尝试新东西（学习游泳），愿意改变；他坚持自己的信念，勇于活出自己，是一位勇敢且成功的父亲。

2.3 他勇敢的力量从何而来？

爱和信念。爱里有力量，爱是力量的泉源。

2.4 父亲迪克的爱，带给儿子里克哪些东西？

带给儿子快乐、力量和做人的尊严（他在冲刺时挥动手，拿到学位，正常工作）；儿子迪克想活成一个正常人的愿望实现了。

2.5 以父亲迪克为例，什么是真正的勇敢？

不怕困难和辛苦；
不怕别人的眼光，快乐、自信；
包容接纳亲人（儿子有残障）；
愿意学习新事物，成长改变；
坚持自己的信念；
每时每刻关爱身边的亲人；
坚持忍耐，达成自己的目标。

关爱第 5 课

DOWN 纵向

1 Mom 妈妈
2 Daddy 爸爸
3 Friday 星期五
4 Egg 鸡蛋
5 Baby 小婴孩

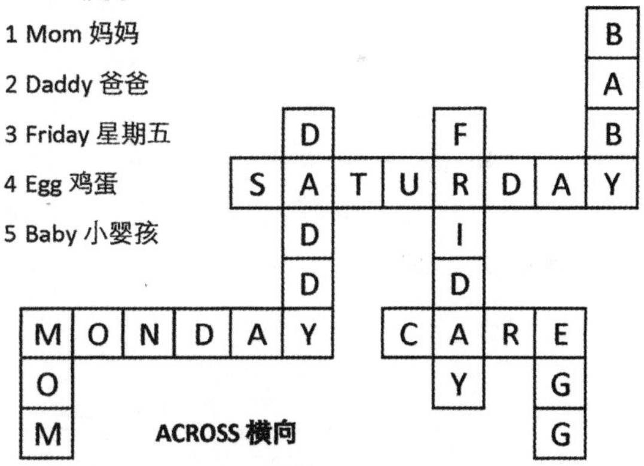
BABY
DADDY
FRIDAY
SATURDAY
MONDAY
CARE
MOM
EGG

ACROSS 横向

1 Monday 星期一
6 Care 关心
7 Saturday 星期六

尊重

尊重第 2 课

字母排序：

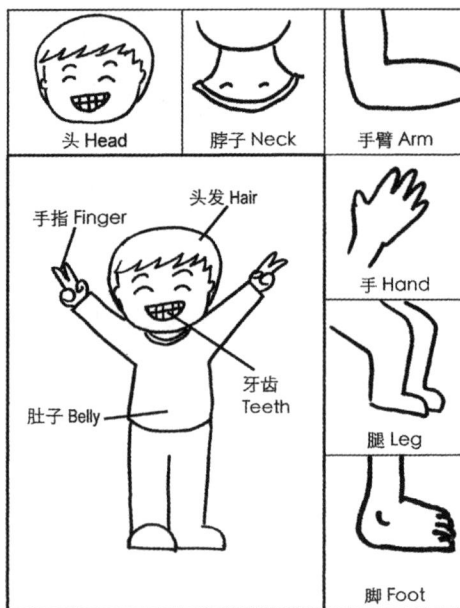

头 Head	脖子 Neck
手臂 Arm	手指 Finger
头发 Hair	手 Hand
肚子 Belly	牙齿 Teeth
腿 Leg	脚 Foot

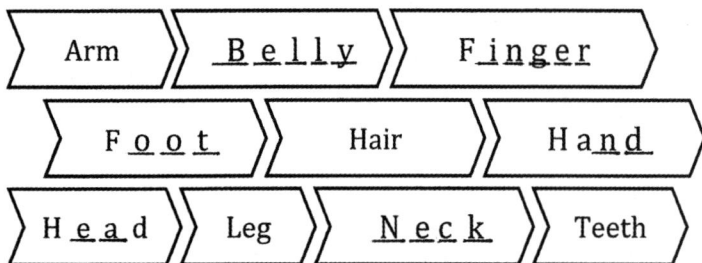

Arm 〉 <u>B e l l y</u> 〉 F<u>i n g e r</u>

〉 F<u>o o t</u> 〉 Hair 〉 H<u>a n d</u>

H<u>e a d</u> 〉 Leg 〉 <u>N e c k</u> 〉 Teeth

尊重第 4 课

如果你看到这样的情景，怎样帮助毛毛？

1. 毛毛自省：平常我的行为有没有尊重大家？这是第一步，思考黄金法则。

2. 鼓励毛毛：他们这样做不公平。肯定他愿意帮助老师和大家的心。

3. 建议毛毛：使用公平法则

   3.1 对礼貌的同学，感谢他们的支持；

   3.2 对不看他给名牌的同学，多一份理解，或许他们就是忙着说话，不是故意的；

   3.3 对于扔名牌的同学，告诉他们，It is not fair，平和(不是生气地)提醒，帮助其改正。

   好品格不仅是忍耐，也要学习沟通和提醒，提醒也是爱。

（纵横填字游戏）
横向：COMMUNICATION
纵向：RESPECT, RULE, HARD, HEARD, GOLDEN

尊重第 5 课

a	e	i	o	u
game	she	fire	home	music
name	me	drive	cold	tuba

music

drive

she game me name fire tuba home cold

尽责

尽责第 2 课

	英文	记录天气	打扫卫生	检查门窗	天气情况
星期一	Monday	☀	√	√	小静
星期二	Tuesday	☀/☁	√	√	毛毛
星期三	Wednesday	☁	√	√	妮妮
星期四	Thursday	☁/🌧	√	√	丁丁
星期五	Friday	☀	√	√	芳芳
星期六	Saturday				假日
星期日	Sunday				假日

尽责第 4 课

图1、图3和图4，分别讲到我们在公共场合、学校和家里有该尽的责任。

图2中，抓小偷是对的，但我们的责任是先保护自己，同时在安全的情况下做力所能及的，比如记住坏人的特征。

1. 爱护环境是我的责任吗？爱护环境，人人有责。

2. 面对坏人，我的责任是什么？先保护好自己，有智慧地记下罪犯的特征。

3. 我在学校，应尽哪些责任？认真学习，参与劳动，尊师爱友。

4. 我在家中有哪些责任？家中一员，服务大家，劳动光荣。

尽责第 5 课

管好自己包括完成自己分内的任务、整理房间、管好 自己 的思想、不将自己的责任丢给别人。

相同与不同

1. 左图与右图的不同：

A：有关树木（Tree）：左图河对岸分别四棵和一棵树，右图河对岸分别有三棵和两棵树。

B：有关河流（River）：左河从左上角流到右下角；右图中间有一条河，从左流到右。

C：有关钓鱼的人（Fisher）：左图钓鱼的人在中间位置，右图在靠左边的位置。

D：有关图中的车（Car）：左图左下角有一辆车，右图右下角有一辆车。

E：左图（Left）和右图（Right），一共有几处不同？大的方面有四处，小的地方约5处。

2. 两张图共有十六处不同：

真实

真实第 2 课

三、讨论时间

你认为如果小琴告诉妮妮，我不小心把你的笔弄丢了，妮妮会不会生气？

回答：可能生气，可能不生气。请分别回答"生气"和"不生气"的代表，阐明观点。

问题：若是妮妮根本不会"生气"，那就更应该说了。但要怎样说呢？

回答：找一个合适的机会，最好对方情绪还不错，先道谢后再说出。

范例："妮妮，谢谢你借我用你的笔，我好喜欢呢，可是不小心，把它丢了，你看我多不小心，真的对不起，下次一定注意。"

问题：若是对方会生气，要不要讲呢？

回答：应该讲，错了就是错了，丢了就是丢了。但是要讲出自己是不小心的，且要带着真诚。

问题：是活在真实里快乐，还是躲闪，或是被人误解快乐？

回答：做真实的人比较快乐。

问题：小琴因为怕妮妮问，就躲她，造成的误会值不值得？为什么？

回答：不值得。珍惜友谊的人，活得实实在在。就算被妮妮骂，也要真诚以待。

四、情景时间

3. 小教导：三胖要怎样说？你帮三胖出出主意好吗？

坦诚沟通的秘诀：先致谢，再将心里真实的感受说出来。

三胖可采用先肯定、二表达、三鼓励的方法。

例如："小明，我很珍惜和你的友谊，谢谢你常和我一起玩篮球；只是有件事，我心里有些堵得慌，不知可否和你讲。""我不喜欢别人叫我胖子，你别总说我的衣服，学我的样子了。""不过你说了我的衣服，我觉得我的确需要把裤子提好，谢谢你的提醒，有你这样的朋友，我很高兴。"

如果是小明，要谢谢三胖这样讲，并要道歉和表示以后改进。

真实第 3 课

a	e	i	o	u
hat	jet	kid	pot	bug
yam	pen	pig	mop	mug

pen

mug

pig

bug   pot   kid   hat   jet   mop   yam

真实第 4 课

```
            C   B
        J   A   I
E N C O U R A G E M E N T
        Y   E   H
            R   E
      R E N E W A L
            T   R
                T
```

三、小复习

| ①品格 | ②谎话 | ③真心以待 | ④成长 | ⑤智慧 | ⑥一诺千金 | ⑦坦诚 |

1. 真实是不说 ②谎话 、大话和空话，也是不躲避、敢面对、诚恳地说明。

2. 真实是对朋友 ⑦坦诚 说出自己的感受。

3. 真实是不在生气时说反话，对朋友 ③真心以待 。

4. 真实是诚实有信， ⑥一诺千金 。

5. 真实是不为坏人守密，对坏人可以"说谎"，是一种需要⑤智慧的诚实。

6. 真实是遇到什么问题，就该在该问题上 ④成长 。

7. 真实是做选择的标准，是活出好 ①品格 。

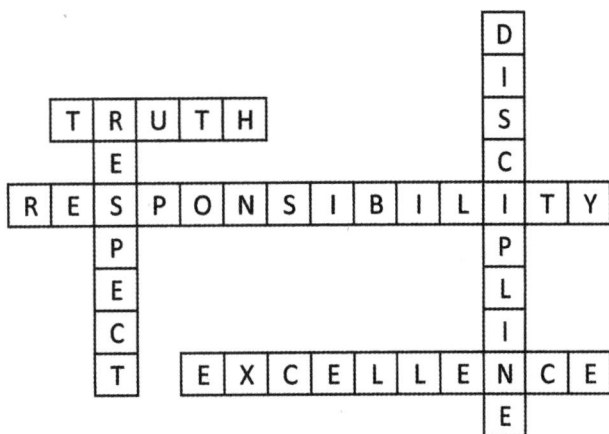

自律

自律第1课

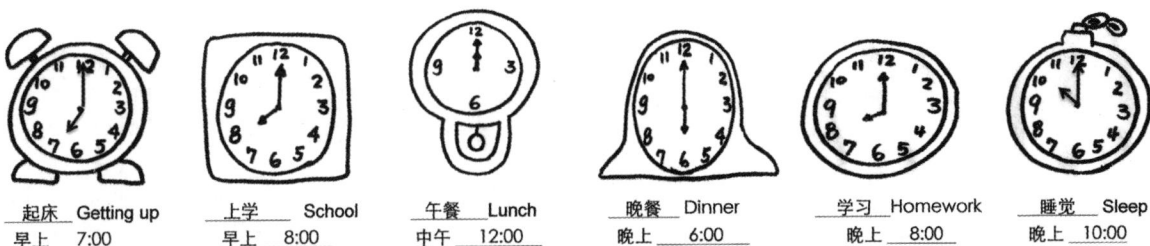

| 起床 Getting up | 上学 School | 午餐 Lunch | 晚餐 Dinner | 学习 Homework | 睡觉 Sleep |
| 早上 7:00 | 早上 8:00 | 中午 12:00 | 晚上 6:00 | 晚上 8:00 | 晚上 10:00 |

自律第2课

自律第3课

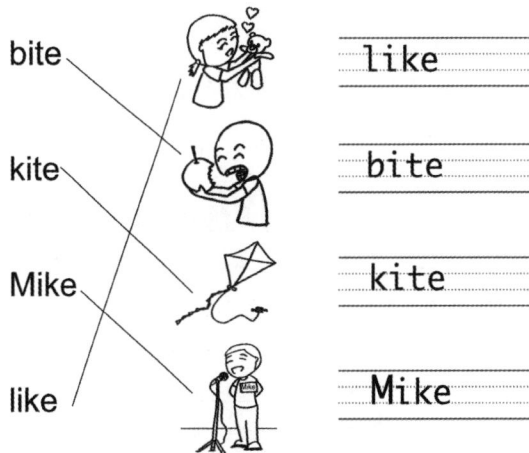

自律第 4 课

公众礼仪

1. 请根据上图，指出各种不对的礼仪点，并讨论该如何改进。

上课中（In the class）：不该说话、嬉笑，影响别人，应该认真听讲。

运动场上（At the playground）：离开团队，应该先向老师请假，不应私自离开。

商场中（In the supermarket）：排队结账，礼貌有序，不应抱怨。

电影院里（In the theater）：欣赏电影时，不宜大声喧哗，影响别人，应节制有序。

自律第 5 课

1. 好　　2. 原则　　3. 顺从　　4. 事情　　5. 刻苦

请根据本章内容，将文字或代表的数字填入空格：

自律的人，在对的时间，做对的 事情4，是个智慧人。

自律的人，能够 刻苦5、反复地练习和学习。

自律的人，行出 好1 礼仪，争当好公民。

自律的人，里面有"主人"，有 原则2，可以从心里约束自己。

自律的人，能够 顺从3 老师，融入团队；可以管理情绪，听进劝诫；也会尊重真理，彼此顺从。

卓越

卓越第 1 课

卓越第 3 课

car

star

bar

guitar

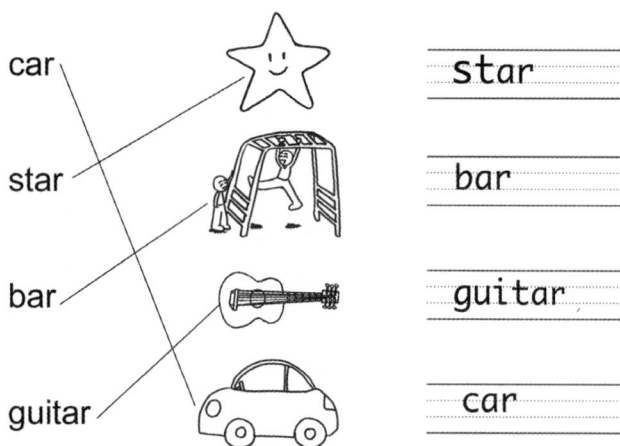

star

bar

guitar

car

绿色　红色　红色　绿色

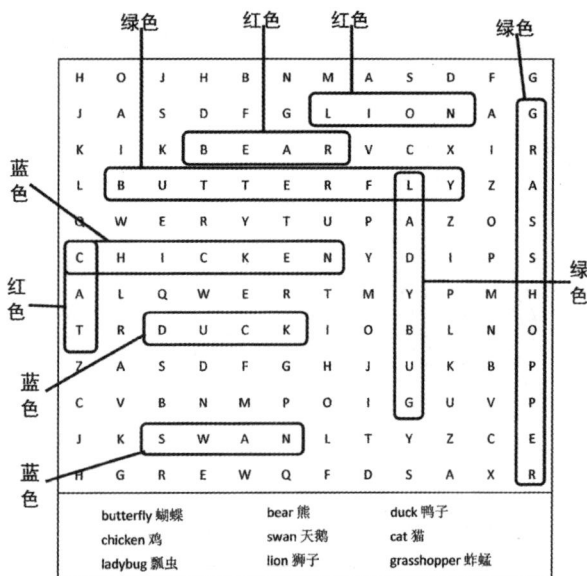

蓝色
红色
蓝色
蓝色

butterfly 蝴蝶　　bear 熊　　duck 鸭子
chicken 鸡　　swan 天鹅　　cat 猫
ladybug 瓢虫　　lion 狮子　　grasshopper 蚱蜢

卓越第 4 课

4. 请试想自己在五年后的成长（下面是丁丁填空，作为范例）：

4.1 学习上的成长：中文写作 1000 字，英文生词 1000 个，计算能力提升，阅读十本课外读物。

4.2 品格上的成长：更负责任，不和父母顶嘴，勤奋不懒惰、按时作息、见人打招呼等好礼仪。

4.3 思想上的成长：独立思考、换位思考，更有创意，接纳自己，"我是有价值的"。

4.4 强项上的成长：参加书法比赛，会英文歌曲。

4.5 弱项上的成长：敢于在众人面前发言了。

bank

tank

blank

thank

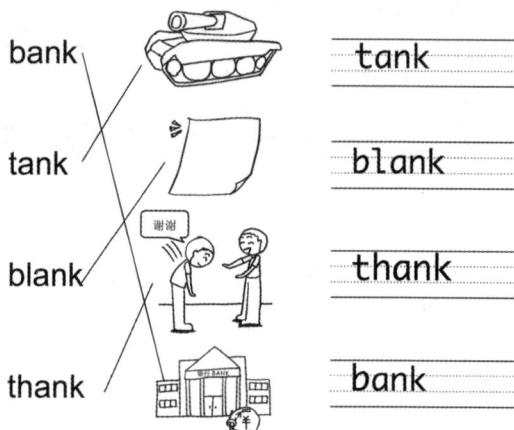

tank

blank

thank

bank

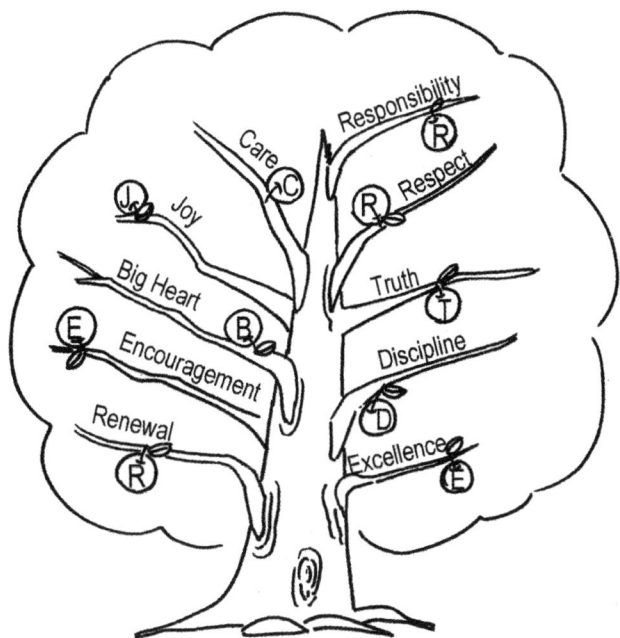

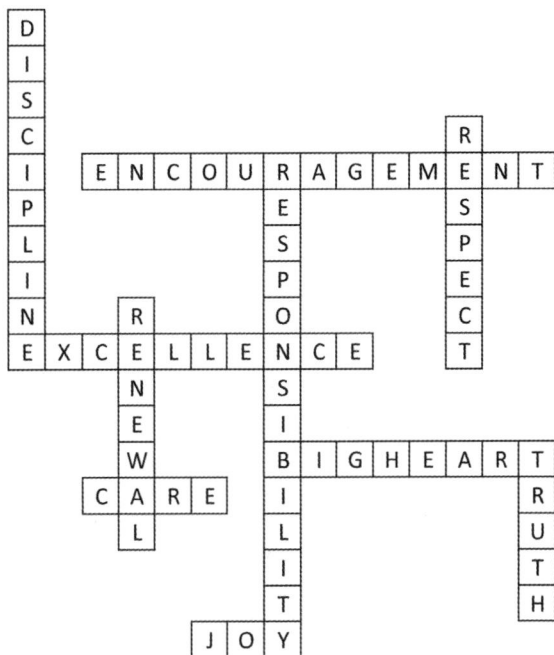

五、歌曲、视频、游戏一览表（*List of Songs，Videos and Games*）

（下载书内所有链接：http://pan.baidu.com/s/1i4vb8jV）

1. 歌曲

鼓励

英文字母歌曲 http：//v.youku.com/v_show/id_XNTIwNDIxNzk2.html?from=s1.8−1−1.2&qq−pf−to=pcqq.c2c

http：//v.youku.com/v_show/id_XNDgxNjcxNDg4.html?from=s1.8−1−1.2#paction（六一网）

豁达

感恩的心 http：//v.youku.com/v_show/id_XMjM4MjQzMzQ0.html?from=s1.8−1−1.2&qq−pf−to=pcqq.c2c#paction

字母歌 http：//v.youku.com/v_show/id_XNzQ5MzMwOTM2.html?from=s1.8−1−1.2#paction

喜乐

向快乐出发 http：//v.youku.com/v_show/id_XNzEzNzMxNjI0.html?from=s1.8−1−1.2

关爱

爱的真谛 http：//v.youku.com/v_show/id_XMzE4MTg1ODg0.html?from=s1.8−1−1.2#paction

尊重

身体各部位 http：//v.youku.com/v_show/id_XMTgzMzcxNDU2.html?from=y1.2−1−90.3.3−1.1−1−1−2−0

2. 视频

更新

蝴蝶的一生 http：//v.youku.com/v_show/id_XNTIwMDM4NjAw.html?from=y1.2−1−103.3.3−1.1−1−1−2−0

曾子自省 http：//v.youku.com/v_show/id_XMTYwMzI5MTY=.html

鼓励

奥巴马总统的风采 http：//v.youku.com/v_show/id_XNjc2NzMzOTY=.html?from=s1.8−1−1.2

26 个英文字母书写和发音

http：//v.youku.com/v_show/id_XNTIwNDIxNzk2.html?from=s1.8−1−1.2&qq−pf−to=pcqq.c2c

http：//v.youku.com/v_show/id_XMzAwOTMxNDAw.html?from=s1.8−1−1.2

爱的接力大赛 http：//v.youku.com/v_show/id_XNzQ1NDA0NTI0.html?from=s1.8-1-1.2

我喜欢 http：//v.youku.com/v_show/id_XMTc2MzA5MjY4.html

关爱

帮助盲人 http：//v.youku.com/v_show/id_XMjI5OTEwNzY4.html?from=s1.8-1-1.2

勇敢的爸爸 http：//v.youku.com/v_show/id_XMTI3NzE0NjIyMA==.html?from=y1.7-1.2

尊重

谦和的蔺相如 http：//v.youku.com/v_show/id_XMjE3MzI1NzM2.html

批评大王 http：//v.youku.com/v_show/id_XNzQ1NDExNjI0.html?from=s1.8-1-1.2#paction

真实

一诺千斤 http：//v.youku.com/v_show/id_XNzE3NzEyMjQw.html?from=y1.2-2.4.22

自律

勤奋的舒曼 http：//www.soku.com/search_video/q_ 勤奋的舒曼

卓越

熟能生巧 http：//v.youku.com/v_show/id_XNzE3NzEyMjUy.html?from=y1.2-2.4.25

取长补短

http：//v.youku.com/v_show/id_XNTg1ODQ3MDA0.html?from=y1.2-1-100.3.8-1.1-1-1-7-0#paction

3. 游戏及目的

更新

游戏：换顶"帽子"戴一戴

目的：学习从别人的角度看问题，体会转化思想的过程，操练更新能力。

游戏：水深水浅

目的：学习听指令，愿意配合，操练身体协调。

鼓励

游戏：你看我是……？（见游戏最后一页）

目的：从别人的眼光中看自己，让别人的话激励自己。

游戏：爱的鼓励

目的：学习怎样说出爱的话语，用爱感染别人。

喜乐

游戏：担心罐

目的：甄别自己的担忧，分享并寻找解决方法。

游戏：音乐椅

目的：在音乐与游戏中让自己识别情绪，常有喜乐。

游戏：快乐拥抱

目的：增加亲密感，带动快乐的心情。

游戏：拇指翘起来

目的：复习如何胜过负面情绪。

关爱

游戏：老鹰捉小鸡

目的：体验鸡妈妈爱护鸡宝宝的心，思考关爱。

游戏：看不见的三分钟

目的：体会看不见之人的心情、不便与苦恼，学会关爱弱势群体。

游戏：触摸盒

目的：学习关怀身边的人，包括亲人，特别是父母。

尽责

游戏：传话

目的：发现细节，注意完整，认真完成每件小事情。

游戏："老师说"

目的：培养孩子的专注力

真实

游戏：拇指翘起来

目的：通过猜一猜，在游戏中体会真实的含义。

自律

游戏：请你跟我这样做

目的：结合肢体语言、表情和想象力，帮助孩子融入团队，有顺服的心，享受喜乐。

游戏：品格警察

目的：寓教于乐，熟记品格点与英文单词。

卓越

游戏：乒乓球与糖果

目的：培养耐心、爱心、专心和恒心，尽量越做越好，有追求卓越的心。

游戏：乐高比谁高？

目的：思考怎样为梦想的实现，打下牢固的基础。

游戏：字谜游戏

目的：熟悉十个品格点的中文和英文。

我的名字是＿＿＿＿＿＿

你看我是…？

为别人着想的
wèi bié rén zhe xiǎng de

活泼的
huó pō de

可爱的
kě ài de

守纪律的
shǒu jì lǜ de

细心的
xì xīn de

爱动脑筋的
ài dòng nǎo jīn de

有进取心的
yǒu jìn qǔ xīn de

温柔的
wēn róu de

幽默的
yōu mò de

友好的
yǒu hǎo de

尽责的
jìn zé de

殷勤的
yīn qín de

有冒险精神的
yǒu mào xiǎn jīng shén de

善良的
shàn liáng de

有自信的
yǒu zì xìn de

合群的
hé qún de

乐意帮助人的
lè yì bāng zhù rén de

富创造力的
fù chuàng zào lì de

乐观的
lè guān de

公平的
gōng píng de

有礼貌的
yǒu lǐ mào de

精力充沛的
jīng lì chōng pèi de

善于表达的
shàn yú biǎo dá de

守信用的
shǒu xìn yòng de

有耐心的
yǒu nài xīn de

直率的
zhí shuài de

真诚的
zhēn chéng de

宽广的
kuān guǎng de

还有呢？

＿＿＿＿＿＿＿＿＿＿＿＿＿＿＿＿＿＿＿＿＿＿＿＿＿＿＿＿＿＿

＿＿＿＿＿＿＿＿＿＿＿＿＿＿＿＿＿＿＿＿＿＿＿＿＿＿＿＿＿＿

附2：推荐英文歌曲，可以在预备时间使用，也可用于英文学习

更新第1课：美丽的蝴蝶，Butterflies
http://v.youku.com/v_show/id_XNzUyNjUzNjI4.html?from=y1.2-2.4.87

鼓励第5课：微笑歌，Smile
http://v.youku.com/v_show/id_XMzE0Mzg1MzE2.html?from=y1.2-1-87.3.14-1.1-1-1-13-0#paction

豁达第4课：祝你生日快乐，Happy Birthday to You
http://v.youku.com/v_show/id_XNzUyNjUyODUy.html?from=y1.2-2.4.89

喜乐第2课：快乐歌，The Happy Song
http://v.youku.com/v_show/id_XNzUyNzkxMjg4.html?from=y1.2-2.4.18

喜乐第4课：Ten Little Indian Boys，十名印第安男孩
http://v.youku.com/v_show/id_XNzUyNzM5ODUy.html?from=y1.2-2.4.7

喜乐第5课：大家跳起来，Everybody Jump
http://v.youku.com/v_show/id_XNzUyNjIxODUy.html?from=y1.2-2.4.84

关爱第4课：我爱我的爸爸，I Love My Daddy
http://v.youku.com/v_show/id_XMTI2MjYzNTYyOA==.html?from=s1.8-1-1.2

关爱第5课：我爱我的妈妈，I Love My Mom
http://v.youku.com/v_show/id_XODUyNzUwODY0.html?from=s1.8-1-1.2

尽责第2课：星期歌，Sunday Monday Tuesday
http://v.youku.com/v_show/id_XNzUyNzIzODcy.html?from=y1.2-2.4.3

真实第2课：朋友歌，Friends
http://v.youku.com/v_show/id_XNzUxODU1MDY0.html?from=y1.2-2.4.72

自律第1课：时钟歌，The Clock
http://v.youku.com/v_show/id_XNzUyNzc2ODE2.html?from=y1.2-2.4.15

自律第3课：跟我做，Follow Me
http://v.youku.com/v_show/id_XNzUyNjI5NjUy.html?from=y1.2-2.4.85

卓越第3课：多少钱？How Much
http://v.youku.com/v_show/id_XNzUxODEzMDQ4.html?from=y1.2-2.4.70

卓越第5课：我有一颗小坚果树 I Have a Little Nut Tree
http://v.youku.com/v_show/id_XNzUyMjE2MjYw.html?from=y1.2-2.4.77

其他：

字母歌，ABC Song
http://v.youku.com/v_show/id_XNzUyNjEwMDg0.html?from=y1.2-2.4.83

颜色识别歌，Color Song
http://v.youku.com/v_show/id_XNzUyNjU5NTk2.html?from=y1.2-2.2

喜乐：走在丛林我不怕，Walking in the Jungle
http://v.youku.com/v_show/id_XMTM4NTE5NDcwOA==.html

真实：捉迷藏，Hide and Seek
http://v.youku.com/v_show/id_XNzUyNjc4NTg4.html?from=y1.2-2.4.92

卓越：合作歌，The More We Get Together
http://v.youku.com/v_show/id_XNzUyNzkxMTg0.html?from=y1.2-2.4.16

生活就像一首歌，Sing a Song
http://v.youku.com/v_show/id_XNzUyNzc0NDQ0.html?from=y1.2-2.4.12